岁月风华

平　洋 ◎ 著

鹏韵库

平洋诗词集

「异国风情·中华风光·春秋风采」共三卷

［南楼令］

无悔铸警魂

警徽作诺言。
金盾锁烽烟。
除危害，一马当先。
搏击邪恶保平安，洒热血，历艰险。

警察爱家园。
卫国戍疆边。
沐风雨，为民无怨。
隆冬酷暑终不懈，铸警魂，勇向前。

深圳出版发行集团
海天出版社

图书在版编目（CIP）数据

岁月风华：平洋诗词集 / 陈文龙著. — 深圳：海天出版社，2013.9

　　ISBN 978-7-5507-0859-4

　　Ⅰ．①岁… Ⅱ．①陈… Ⅲ．①诗词－作品集－中国－当代 Ⅳ．①I227

中国版本图书馆CIP数据核字(2013)第223974号

岁月风华：平洋诗词集
SUIYUE FENGHUA PINGYANG SHICIJI

出 品 人　尹昌龙
出版策划　毛世屏
责任编辑　杨永钢　卞　青
责任技编　蔡梅琴
装帧设计　 线艺设计 电话:83460339

─────────────────────────────

出版发行　海天出版社
地　　址　深圳市彩田南路海天综合大厦7-8层（518033）
网　　址　www.htph.com.cn
订购电话　0755-83460293（批发）　83460397（邮购）
设计制作　深圳市线艺形象设计有限公司　Tel：0755-83460339
印　　刷　深圳市希望印务有限公司
开　　本　787mm×1092mm 1/16
印　　张　14.625
字　　数　150千字
版　　次　2013年9月第1版
印　　次　2013年9月第1次
定　　价　298.00元

─────────────────────────────

序

难得的诗　更难得的"诗人"

陈文龙同志（笔名"平洋"）拿着他的诗词集《岁月风华》匆匆忙忙地到我办公室，要我这两天内给写个序言。我接过书稿一看：那是出版社的校定稿，不免为难。可是，文龙是粤西人，我曾在湛江地委工作多年，同他和他哥哥是老朋友，又盛情难却。我终于接下书稿，在办公室看，拿回家看，结果又不免被陈文龙和他的诗词所感动。

著者自述诗词集《岁月风华》共三卷，二百零六首诗词，都是首次发表。

第一卷《异国风情》，共六十五首诗词。是其游历世界各地感受和体会。"朱唇皓齿纤纤手，莺声燕调舞步走。容颜似花月，娇媚胜女流。变性谁能否？！舍身换自由，君不怪人间，人间有泪愁。"一首《菩萨蛮·旅泰看人妖表演感悟》就很有诗意和文采，又有对底层劳动人民的强烈思想感情。

第二卷《中华风光》，七十三首诗词。其中《思佳客·喜登岳阳楼》写道："岳阳楼上喜登临，名楼山水巴陵郡。吴楚东南乾坤阔，万顷洞庭蓝波深。烟水绕，风摇琴，吹爽一颗壮怀心。清凉世界最难得，又见云雨骤成阴。"我想，作者不但在描写中华大地风光，而且可能是在读过不少唐宋诗词，吸取古人的精髓之后的一种内心感情喷发。因为整首词中不断流露出孟浩然《望洞庭湖赠张丞相》、杜甫《登岳阳楼》、刘禹锡《望洞庭》和范仲淹《岳阳楼记》等等的痕迹。

第三卷《春秋风采》，有六十八首诗词。作者从自己中学时代写起，诉说近五十年来自己的历练体验、感悟期望，以及爱与恨。"小东江流水柔柔，长堤河边情滔滔。永久桥下约永久，执手盟誓到白头。""小东江"又称"梅江"，流经茂名、吴川、化州等地方，是粤西的主要河流之一。上个世纪70年代，我曾经在湛江地委工作多年，对那里的山山水水是很有感情的，读了这首七言诗倍感到亲切。诗中所描写和表露的一对情窦初开小青年"永久桥下约永久"的白头到老誓言，更使人感觉到粤西青年人中，那种既纯朴、又往往带有几份天真与浪漫的性格。

古人云：歌以咏言，诗以言志，文以载道。陈文龙（平洋）的诗词固然可贵，但是他本是一位普通的共产党员干部（退休前是深圳特区政法战线的处级干部），却能够坚持几十年不断地学习和提高自己的文化水平，始终如一地热爱中国传统文化精华中的诗词文学，融会贯通，创作出许多属于自己的有特色的诗词，并且有了一定的造诣，其追求文化的精神实在难得，更值得赞赏。

从《岁月风华》二百零六首诗词的抒情纪事中，我们还能够看到作者所表现的一种心态，一种气质。"奋力行，血汗著春秋。阳光总在风雨后，命运改变靠双手。希望在前头。""警察爱家园，卫国戍疆边，沐风雨，为民无怨"……这是诗词，更是呼喊、歌声。从这些呼喊和歌声中，我们随处都能够洞彻到诗人的志向和可贵、难得的品格。

2013年9月15日于熙园松月阁

（吴松营，原深圳市委宣传部副部长、深圳报业集团社长，是享受国务院特殊津贴专家，荣获全国"五一"劳动奖章、广东省新闻终身荣誉奖）

自序

　　平洋诗词集《岁月风华》，共三卷，二百零六首诗词。其中诗四十六首（诗品类：八种），词一百六十首（词牌类：七十九种），都是首次发表。

　　平洋诗词集《岁月风华》，第一卷《异国风情》，共六十五首诗词。分别采集了跨出国门，走向世界，游历亚洲、欧洲、北美洲、大洋洲以及非洲等三十多个国家、地区的鬼斧神工、闻名世界的景点及千姿百态、蜚声全球的异国风情特色，抒发自己的观感情怀。旨在诉说不同国度的国家政治、经济、文化、历史和风土人情的海外奇谈。外面的世界很精彩，我们可以包容，相互学习，和谐共处，彰显出世界大家庭的绚丽可爱。

　　平洋诗词集《岁月风华》，第二卷《中华风光》，七十三首诗词。通过涉足中华大地的山山水水，洞天福地，饱览亘古绵长的祖国大好河山，自然秀丽、著称于世的风光美景和博大精深、名扬古今的名胜古迹，领略炎黄子孙的五千年文明进步的国粹精华，让我们感受到身为一名中国人的自豪骄傲，激励我们世世代代爱中华、爱人民，并为中华民族的伟大复兴、祖国的繁荣富强和子孙后代的美好幸福不懈奋斗。

　　平洋诗词集《岁月风华》，第三卷《春秋风采》，有六十八首诗词。作者用亲身经历点亮了近五十年来的社会、人生、自然、历史和重大政治事件之春秋风采的亮点，书写自己的历练体验、感悟期望，以及爱与恨。批判社会的丑陋现象，弘扬社会美德。使人们认识到：人生的道路曲折崎岖，不可能一帆风顺，要有勇气面对人生，在风雨中成长，砥砺前行，让生命无怨无悔，无愧于心，有所作为。

追求真、善、美，提振精、气、神，弘扬中华文化和海外文化，是本书的真谛。忠厚传家久，诗书继世长。诚然，这是当代中外诗词著作中的一部珍贵作品。本处女作难免有瑕疵欠妥之处，希望读者指正。

作者：平洋

2013年9月金秋于深圳

作者简介

作者：笔名平洋，实名陈文龙，又名陈龙，一九四七年九月出生，广东省茂名市人。大学文化，自修北京大学文学专业和深圳大学法律专业。当过知青、乡村教师、共青团总支书记、中共党支部书记、人民公安警察、秘书、通讯员、科长、所长、主任、处级国家公务员，长期在公安、政法及党政部门工作。爱好文学，喜欢旅游，热心诗词写作。著作有平洋诗词集《岁月风华》第一、二、三卷。

澳大利亚 悉尼

新西兰 罗托鲁瓦地热景观

澳大利亚 布里斯班黄金海岸

日本 富士山

日本 北海道

日本 京都 周诗碑

韩国 济州岛

韩国 板门店

韩国 首尔

俄罗斯 圣彼得堡

俄罗斯 莫斯科红场

美国 尼亚加拉大瀑布

美国 科罗拉多大峡谷

美国 纽约自由女神像

加拿大 多伦多

迪拜 帆船酒店

南非 好望角

埃及 开罗金字塔
狮身人面像

法国 巴黎

比利时 布鲁塞尔

荷兰 阿姆斯特丹

英国 伦敦

意大利 威尼斯

2012/04/18

尼泊尔 加德满都博达哈佛塔

2012/04/17

印度 阿格拉泰姬陵

中国台湾 101大厦

中国台湾 日月潭

中国台湾 阿里山

陳 錫 文 先 生
1899 年 1 月 12 日——1978 年 7 月 24 日

蔡 瑞 芳 女 士
1905 年 2 月 28 日——1981 年 1 月 25 日

茂名市留影 一

茂名市留影 二

中学时代照

作者像

深圳市留影 一

塘边村家乡留影

作者伉俪像

在茂名市公安局留影

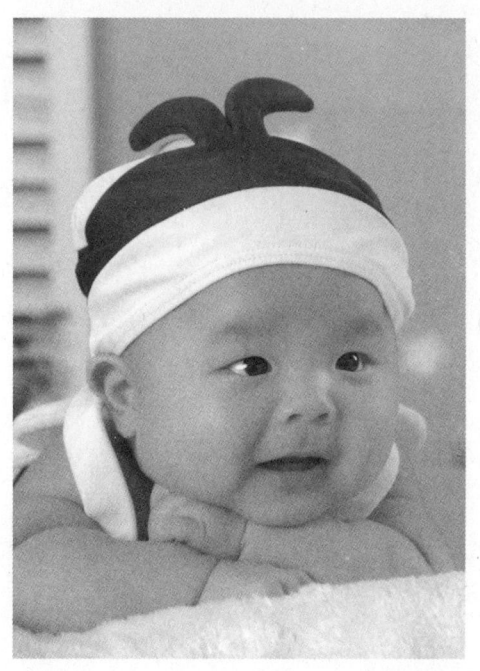

陈富国照

毛雨晴照

在深圳市公安局留影

深圳市留影 二

目 录

第一卷　异国风情

第二卷　中华风光

第三卷　春秋风采

目
录

异国风情

Yiguo Fengqing

[采桑子]

千佛之国①——泰国②观感

黄袍佛国称孟泰③，千佛之宫。

百寺堪隆。

金碧辉煌香火红。

有求必应四面神④，满面春风。

布施信众。

能知谁家锦字中？！

1987.11.10

----

① 千佛之国：泰国的别称（下同黄袍佛国、大象之邦）。泰国是一个历史悠久的佛教之国，佛教是泰国国教，居民90%以上信奉佛教。

② 泰国：全称泰王国。位于亚洲南部，泰国被誉为"亚洲最具异国风情的国家"。面积51.4万平方公里，人口6040万，首都曼谷。泰国还享有"黄袍佛国"、"千佛之国"和"大象之邦"的美誉。水稻出口量居世界第一位。

③ 泰国人称自己国家为"孟泰"，"孟"在泰语中是"国家"，"泰"为"自由"，"泰国"在泰语中就是"自由国家"之意。

④ 四面神：又称四面佛。位于曼谷市中心卡拉玛二世路。四面神意为梵王，是印度婆罗门教主神。

[菩萨蛮]

旅泰看人妖表演①感悟

朱唇皓齿纤纤手。
莺声燕调舞步走。
容颜似花月，娇媚胜女流。

变性谁能否?！
舍身换自由。
君不怪人间，人间有泪愁！

1987.11.11

---

① 人妖表演：是泰国旅游独有的项目，充满神秘色彩，以芭堤雅最为著名。"人妖"演员原为男性，是变性人，经过整容后才变成"女性"；芭堤雅位于泰国首都曼谷东南150公里的暹罗湾，是泰国最负盛名的海滨旅游胜地和国际著名旅游度假胜地。

[沁园春]

漫游花园国家新加坡①

热带海城，花园国家，一雨成秋。
百花争娇媚，绿树苍翠，芳草如茵，城似锦绣。
摩天大楼，老式建筑，风貌古雅河东流。
鱼尾狮②，那美丽传说，撩人心头。

且看今日信步，心境清净，享受自由。
富贵妄追求，人间有爱，守己安分，随缘便休。
平路如棋，悠闲游胜，莫恋花月情难收。
处平安，宽怀免是非，乐而忘忧！

1987.11.14

---

① 全称新加坡共和国，位于亚洲马来半岛南端的岛国。全国面积682.7平方公里，人口332万，首都新加坡城。
② 位于狮城海滨公园，是新加坡著名的地面标志。相传室利佛逝王国的王子随父出巡宾丹岛，与宾丹岛的公主结为百年之好，并成了宾丹岛国王。一天，他乘船出海巡游时，狂风恶浪将船打翻，王子在与风浪搏击精疲力竭时，巧遇一只狮头鱼身怪物相助，战胜恶浪，游到新加坡岛，保全了性命。于是他在这个岛上建立起自己的王国。后来人们便把这只像狮子一样勇敢，又像美人鱼一样漂亮的怪物称为鱼尾狮，作为新加坡的象征。

[蝶恋花]

游马来西亚①马六甲海峡②感怀

马六甲海峡要冲。
商贾繁华，东西方融通。
郑和下西洋任重③。
苏丹明皇结谊浓④。

几回魂梦与君同？！
天涯路远，大洋起狂风。
力挽狂澜兄弟勇。
拼却流波旌旗红！

1987.11.17

---

① 马来西亚：处于两洲两洋相交的十字中心，紧邻赤道北沿，全境被南中国海分隔成东马来西亚与西马来西亚。面积33.8万平方公里，人口2452.7万，首都吉隆坡，新首都普特拉贾亚。马来西亚位于亚洲大陆和东南亚群岛的衔接处，在亚澳大陆与太平洋和印度洋交汇点，自古以来就是东西方海空交通和国际货贸的要塞。

② 马六甲海峡：位于马来半岛与苏门答腊岛之间的海峡，全长1080公里。主航道靠近马来半岛一侧，宽1.5～2海里。因沿岸马六甲古城而得名。是欧、非、中东和印度次大陆到东亚的一条主航道，承担全球贸易货运量的四分之一。

③ 郑和下西洋任重：1406年三宝太监郑和下西洋曾到此，开拓了中国通往西洋的航线。

④ 1459年，明朝皇帝将女儿汉丽宝公主许配给马六甲王朝苏丹，苏丹王便将三宝山赐给公主的五百名随从定居。

[七言诗]

菲律宾①见闻

千岛之国菲律宾，自然景观可迷人。
马尼拉②城钟楼高，吕宋雪茄世界闻。
巴纳梯田③盘山奇，塔尔火山④湖中沉。
世界劳务输出最，碧瑶避暑胜采金。

1989.8.10

---

① 菲律宾：全称菲律宾共和国。面积29.97万平方公里，人口8400万，首都马尼拉。位于赤道北侧，亚洲东南部的千岛之国，北隔巴士海峡与中国台湾相望，南濒巴拉巴克海峡与印尼、马来西亚为邻，西面南海，东向太平洋。有7107个岛屿，其中有名的为2800个。菲律宾经济有一个突出的特点是劳务输出，菲律宾是亚洲最大的劳务输出国。吕宋岛是菲律宾最大的岛，该岛的雪茄世界闻名。

② 马尼拉：菲律宾首都，享有"亚洲的纽约"之美名。是著名热带花园城市，位于吕宋岛西岸，马尼拉海湾，面积920平方公里，人口1000多万。

③ 巴纳梯田：巴纳韦高山梯田，是菲律宾一古代奇迹。位于吕宋岛伊富高省。2000多年前伊富高民族用石块在海拔1500米以上修建的古代水稻梯田。

④ 塔尔火山：位于塔尔湖的正中央，就是闻名遐迩的塔尔火山岛。该火山岛是菲律宾高度最低、四周被湖水环绕着的火山。火山中间有一火山湖，面积约一平方公里，形成湖中有山，山中有湖的美丽景观。塔尔火山也是地球上最低和最小的火山。

[菩萨蛮]

越南①游追思

湄公红河烟雨蒙。
丛林战士②当弟兄。
援越抗法美,巴亭③血腥浓。

反目露狰容。
侵占我海空④。
惩伐叛逆贼⑤,南海腾蛟龙。

1990.3.11

---

① 越南:全称越南社会主义共和国,越南人自称国名为"文郎"。面积32.95万平方公里,人口8411万,首都河内。越南位于亚洲中南半岛东侧,北接中国,西邻老挝、柬埔寨,东南邻南海,西南靠暹罗湾,扼太平洋与印度洋海上交通要道。

② 越南青年人喜欢戴绿帽子,被称为三轮车夫、丛林战士。这里泛指越南人。

③ 巴亭:河内巴亭广场,是越南著名景点。1954年9月2日,胡志明主席在河内巴亭广场发布独立宣言,宣布了越南民主共和国诞生。原是抗法反美的策源地,现是群众集会和节日活动的场所。

④ 侵占我海空:1974年爆发了中越西沙海战和1978年爆发了中越南沙海战。

⑤ 惩伐叛逆贼:1979年2月17日~1979年3月16日,我国对越南进行自卫反击战。

[木兰花]

越南下龙湾①观景

海上桂林下龙湾。
世界奇观人惊叹！
异峰突屹碧波平，斗鸡山②峭海天蓝。

独耕洞窟③怪石参。
拜斋岛④内碧树环。
若寻文郎⑤避暑地，首称巡州⑥红墅滩。

1990.3.23

---

① 下龙湾：越南著名旅游胜地，位于越南北部，距河内东南100公里，背山临海，下龙湾海域约1550平方公里，海上已命名的有岛1969个。
② 斗鸡山：是下龙湾的标志。
③ 独耕洞窟：下龙湾最美丽的洞窟。
④ 拜斋岛：下龙湾著名的避暑胜地。
⑤ 文郎：越南人自称国名，指古代越南。
⑥ 巡州（岛）：下龙湾唯一可居人岛。一座座红色屋顶度假别墅十分显眼。

[虞美人]

参观韩①朝三八线②感怀

三八线上难相对。

强忍相思泪。

半世离乱有深忧。

咫尺天涯阻隔，气横秋。

"和平之家"③喜相会。

"统一阁"共醉。

迢迢空劫泯然收。

友谊列车④穿越，和平求。

1992.5.4

---

① 韩：韩国，全称大韩民国。位于东北亚朝鲜半岛南端，西南部被黄海包围，东南是朝鲜海峡及对马海峡，东面濒临日本海，北边隔着北纬38°线非军事区与朝鲜相邻。总面积98480平方公里，人口4874.7万。首都首尔。

② 三八线：又称韩朝军事分界线，全长248公里，位于朝鲜半岛一个不起眼的小山村板门店，北部为朝鲜，南部为韩国。

③ 和平之家：（与下"统一阁"）是朝鲜半岛分裂最具象征性的地方。于上世纪80年代中期，南北分别在板门店军事分界线修建了新的会谈场所。北方取名"统一阁"，南方取名"和平之家"，并分别设立了南北方联络事务所，专门负责南北对话的联络事宜。

④ 友谊列车指2007年5月17日，京义线铁路和东海线铁路成功运行，这是自韩朝分界线设立56年来首次有列车跨越韩朝军事分界线。

[虞美人]

观赏韩剧《春香传》①有感

百年之约广寒楼。
誓盟相厮守。
失德小人②把权弄。
刚强春香受辱③,愤懑胸。

梦龙御使④同携手。
惩处恶小丑。
申冤雪恨获尊容。
共结同心爱恋,情海浓。

1992.5.6

———————

① 《春香传》:在韩国古典文学史上的地位正如《红楼梦》之于中国古典文学史上一样,是朝鲜人民家喻户晓的一部古典文学名著。由其改编的韩剧成为韩剧中的经典。
② 《春香传》中的人物角色,新任南原使道"卞学道"。
③ 卞学道到任后强迫春香(退妓——改籍的艺妓——月梅之女)为其守厅(是作妾之意,但又不是正式之妾),春香不从,被迫下狱,命危在旦夕。
④ 两班翰林之子李梦龙在京应试中举,任全罗御使。

[如梦令]

情怀济州岛①

莫遣良辰虚度。
蜜月之岛情驻。
逍遥自在时，世外神仙凝伫。
羡慕。羡慕。
汉拿山②上风露。

1992.5.1

---

① 济州岛：被称为"神的休息处"的济州岛是韩国第一大岛，又称蜜月岛，是韩国极具代表性的旅游胜地，是梦和幻想的岛屿，位于朝鲜半岛南端。

② 汉拿山：位于济州岛中心的一座火山，是韩国最高的山峰，海拔1950米，"汉拿"意为"伸手可及银河"。

[乌夜啼]

柬埔寨①吴哥窟②观览

千年古刹瑰宝,宗教圣地通今。
宝塔林立佛脸笑③,传神更动人。

天女浮雕精巧,雍容华贵逼真。
吴哥艺术堪一绝,天地有知音。

1993.9.9

---

① 柬埔寨:全称柬埔寨王国。位于亚洲中南半岛南部,东南与越南相邻,南邻泰国湾,西北与泰国接壤,北面与老挝相连。面积181035平方公里,人口1440多万,首都金边。

② 吴哥窟:又称吴哥寺,小吴哥。位于柬埔寨西北部的暹粒省,是柬埔寨最著名的遗迹,是柬埔寨的民族瑰宝,也是世界上占地面积最大的建筑瑰宝。主体建筑是三层方形台基,其中第三层四角各有一尖塔,中央有一大尖塔。从正面看,五座塔只能看到三座。"三塔"就成了吴哥文明的象征。

③ 佛脸笑:吴哥城最吸引人的莫过于"高棉的微笑"。著名的巴戎寺由五十四座人面塔楼组成,每座塔楼的四面都雕琢着巨大的微笑着的脸庞,这就是"高棉的微笑"的由来。

[斗百花]

南海乐园印尼①巴厘岛②游踪

煦色韶光轻抚。
彤云低笼芳树。
日落景观迷人，夕阳余晖彩图。
蔚蓝海天，绚丽缤纷帆映，海滨风光无处。
"舞之岛"风度。

南海乐园，巴厘岛全裸露。
千娇百媚，海景风情尽浮。
度假天堂，安享梦幻世界，欲把芳心倾诉。

1994.6.6

---

① 印尼：全称印度尼西亚共和国。位于亚洲东南部，地跨赤道，由太平洋与印度洋之间、亚洲大陆与澳洲大陆之间13667个大小岛屿组成，是世界上最大的群岛国家，面积1904443平方公里，人口2.15亿，首都雅加达。

② 巴厘岛：被称为世外桃源般的南海乐园，世界级的度假天堂。巴厘岛位于东爪哇岛以东，全岛东西长140公里，南北宽95公里，面积5623平方公里。整个海岛形似一只"生蛋的母鸡"。巴厘岛被称为"诗之岛"、"舞之岛"、"艺术之岛"、"千寺之岛"、"神仙岛"和"人间天堂"。

[丑奴儿]

亚洲首富文莱①观叹

石油比可乐便宜，富有观止。
奢华无比。
金碧辉煌皇宫里。

亚洲首富没第二，金箔铺地。
水上漂移。
豪华东方"威尼斯"。

1995.8.5

---

① 文莱：全称文莱达鲁萨兰国，即"和平之邦"的意思。位于亚洲加里曼丹岛——婆罗洲岛西北角上，北邻南中国海，与马来西亚接壤，面积5765平方公里，人口34.8万人。首都斯里巴加湾市。 这个袖珍王国以丰富的石油和天然气资源成为世界上最富有的国家之一，有"亚洲首富之邦"的美誉。

[渔家傲]

海水天堂马尔代夫①掠影

椰林芭蕉木屋浮。
海水天堂鱼儿逗。
乘多尼船②游环岛。
如轻舟。
人间似仙可自由。

马尔代夫没烦恼。
纵情浪漫蓝波皱。
皇家岛屋上帝造。
天下秀。
浮生期盼长相守！

1996.4.15

---

① 马尔代夫：全称马尔代夫共和国。位于印度半岛西南印度洋中的马尔代夫群岛上。与印度、斯里兰卡隔海相望，由1200多个珊瑚小岛组成，是世界上最大的珊瑚岛国，面积298平方公里，人口27.8万人，首都马累。"马尔代夫"意为"花环群岛"、"宫殿群岛"。马尔代夫被誉为"海水天堂"。
② 多尼船：是当地很具特色的一种交通工具，它从船体钉、缆绳以及船帆等都是取材于椰子树。

[河满子]

美丽岛国斐济①见闻

地跨东西半球。

蓝天碧海环抱。

珊瑚礁岛沙滩白,棕榈树下日浮。

鱼儿天堂斑斓,泳客纵情畅游。

热带景观无限,异国风情尽露。

男女戴花才出门,切莫摸别人首。

斐济街头一景,警察穿裙指路。

1997.9.15

---

① 斐济:全称斐济群岛共和国,是大洋洲中的一个岛国,被称为"南太平洋上一串璀璨的明珠","全球十大蜜月度假地之一",由332个大小岛屿组成(其中有人定居的为106个),以维提岛最大。位于太平洋西南、美拉尼西亚东南部的一个同名群岛上。在地球180°经线的两侧,地跨东西半球,既是世界上最东,同时也是最西的国家,总面积18272平方公里,人口82.2万,首都苏瓦。

[凤栖梧]

俄罗斯①观光追忆

彼得大帝黩兵起②。
跃马雄风，威震欧亚地。
拿破仑军难匹比③。
沙皇穷途损元气。

十月革命④炮声喜。
红色政权，苏维埃建立。
偌大苏联已解体⑤。
悠悠历史难忘记。

1998.7.5

---

① 俄罗斯：全称俄罗斯联邦。位于欧亚大陆北部，横跨东欧和北亚大部分地区。北临北冰洋，东濒太平洋，西靠波罗的海。面积1707.54万平方公里，国土面积居世界第一位，人口1.48亿，首都莫斯科。
② 彼得大帝黩兵起：17世纪彼得一世派兵征服瑞典，夺得波罗的海沿岸土地，后续扩张夺取黑海、白俄罗斯、西伯利亚等疆域。
③ 拿破仑军难匹比：1812年拿破仑入侵俄国，并进入莫斯科。撤退时因天寒地冻粮匮食空，被俄军突击，60万大军只有10万生还，俄国亦是元气大伤。
④ 十月革命：1917年11月（俄历10月），列宁领导布尔什维克革命，占领当时首都圣彼得堡冬宫，夺得政权，1922年12月30日成立联邦，简称苏联。
⑤ 苏联解体：1991年8月19日，苏联发生"8·19"事件，苏联解体。1991年12月25日宣布改国名为俄罗斯联邦。

[凤栖梧]

克里姆林宫①观赏

克里姆林宫雄丽。
三角红墙，尖塔连耸起。
红宝五星闪光霓。
沙皇世代神圣地。

洋葱圆顶漫空际。
教堂彩画，寝陵墓稀奇。
钟王②炮王③留印记。
回眸红场岁月非。

1998.7.6

---

① 克里姆林宫：位于莫斯科红场附近，南临莫斯科河，西北依亚历山德罗夫花园，东邻红场，呈不等边三角形，占地27.5平方公里。建于1156年，原为苏兹达里大公爵尤里·多尔哥鲁基的庄园。有世界第八奇景的美誉。是俄国历代沙皇的宫殿。现为俄罗斯政府办公之地。

② 钟王：于1733至1735年铸造。重200余吨，高6.14米，直径6.6米。此钟号称世界第一大钟，但敲第一下时，就已出现裂痕，成为哑钟。

③ 炮王：又称俄罗斯枪，已有400多年历史，炮重40吨，长5.34米，口径92厘米。它标志着古俄罗斯铸炮技术的成就。此炮为1586年俄罗斯杰出铸炮师安德烈·乔霍夫所铸。

[行香子]

冬宫①览胜

沙俄皇宫,气派魁雄。
御座厅②,精美无穷。
雕像百态,壁绘生动。
奇珍异宝,蔚奇观,惹人宠。

彼得尊容③,坐列其中。
瓶绘术,古希腊风。
罗马雕精,西欧画红。
艺术堪比,大都会,罗浮宫。

1998.7.8

---

① 冬宫:俄罗斯圣彼得堡最著名的古建筑之一,现是国立艾尔什博物馆。它坐落在圣彼得堡皇宫广场上。建于18世纪下半叶,是昔日沙皇的宫殿。冬宫与英国的大英博物馆、法国的罗浮宫、美国纽约的大都会博物馆齐名。

② 御座厅:又称乔治大厅,是冬宫装饰最豪华的大厅。背后有一幅俄国地图,由4.5万颗彩石点缀其间,蔚为奇观。

③ 彼得尊容:指展室中的彼得大帝坐像。

[行香子]

赞阿芙乐尔号巡洋舰①

攻打冬宫，第一炮②隆。
震河山，声蜚长空。
司晨女神，唤醒大众。
十月革命，迎曙光，天下动。

卫国战斗，炮兵连勇。
扼阵地，卸炮冲锋。
军情危急，舰沉海中。
阿芙乐尔，强敌畏，人民颂。

1998.7.13

---

① 阿芙乐尔号巡洋舰：俄国十月革命重要纪念物，现为中央海军博物馆分馆。停泊在圣彼得堡宽阔美丽的涅瓦河畔。在罗马神话里，阿芙乐尔是司晨女神，她唤醒人们，送来曙光。

② 第一炮：列宁做出攻打冬宫的决定后，阿芙乐尔号巡洋舰官兵发射轰击冬宫的第一炮，揭开了十月革命的序幕。

[西江月]

澳大利亚①悉尼②览胜

邦迪海滩③风情，悉尼歌院④神工。
杰克逊港⑤湾光风，海港大桥⑥如虹。

达令港⑦浪漫调，猎人谷⑧葡酒红。
乘船观光任放松，心旷神怡入梦。

2001.12.26

① 澳大利亚：位于南半球的大洋洲，在太平洋西南部和印度洋之间，面积768万平方公里，人口1900万，首都堪培拉。

② 悉尼市：澳大利亚第一大城市和港口，位于澳大利亚东南部，面积10240平方公里，人口400万。

③ 邦迪海滩：位于悉尼东面，离市中心只有8公里，有"滑浪天堂"的美誉。

④ 悉尼歌院：悉尼歌剧院，又称海中歌剧院，建于1973年，坐落在悉尼市贝尼朗岬角上，是澳大利亚标志性建筑，它由丹麦设计师犹乌顿设计。

⑤ 杰克逊港：又称悉尼港，位于悉尼市东南海，东邻太平洋，有人称之为城中港，是悉尼市最繁华的地方和游客聚集点。

⑥ 大桥：悉尼大桥，绰号"大衣架"。是一座雄伟秀丽，跨度达503米、长1149米的单孔拱桥。

⑦ 达令港：又称情人港，是悉尼的四季乐园。位于悉尼市中心的西北部，是个现代化的海港中心。

⑧ 猎人谷：位于悉尼西北方向，以葡萄园及悠闲度假胜地而闻名。

[西江月]

淘金梦——巴拉瑞特①黄金城观感

华工猪仔②沉沦，金沙骸骨淘空。
漂洋过海发财风，归去黄粱一梦。

巴拉瑞特泪泉，黄金矿城血洞。
凭将前事作情浓，怕见人间惨痛！

2001.12.28

———————

① 巴拉瑞特：澳大利亚维多利亚州第三大城市，是一座历史名城，黄金之城。19世纪50年代在其发现大金矿引发淘金热，也是当年华人劳工集中的地方。
② 猪仔：泛指被贩卖到澳大利亚的华人劳工。

[木兰花]

澳大利亚黄金海岸①风情领略

迷人海滩何处觅?
黄金海岸日光浴。
碧海黄沙千里波,冲浪潜水风帆逐。

主题公园娱乐足。
海洋乐园鲸鲨簇。
梦幻世界大乐趣,美食天堂可悦目。

2002.1.1

---

① 黄金海岸:位于澳大利亚布里斯班以南75公里处,人口约45.5万。这里有35个海滩,阳光下沙子闪着金黄色的光芒,男女老少,无论贫富,都可以卸下伪装的外衣,毫无牵挂地奔向大海,或者在岸上享受日光浴。黄金海岸是娱乐度假之都,更是美食天堂。

[五言诗]

新西兰①掠影

海国新西兰，世界处女地。

自然景观美，火山喷泉②奇。

毛利人③独特，能歌善舞艺。

雕刻够传神，饰品更珍贵。

鸟雀欢乐园，奇异鸟④瑰丽。

绵羊毛丰厚，制品价不菲。

临海别墅豪，地热温泉稀。

红木林巍峨，黑天鹅⑤真美。

世外桃源图，百看不愿归。

2002.1.5

---

① 新西兰：地处南半球大洋洲，位于太平洋西南部，澳大利亚以东1600米，总面积27.5万平方公里，人口420万。是世界上最南端的绿地，在大千世界的尽头，因而被称为"世界边缘的国家"。因四周被海洋包围，故称海国。

② 火山喷泉：指新西兰著名的地热观光城市罗托鲁亚，其火山地热喷泉景观非常优美，是南半球最有名的泥火山和温泉区。

③ 毛利人：位于罗托鲁亚市中心的毛利族人，擅长用地热烧煮食物，手雕工艺、造船、独木舟堪称一绝。

④ 奇异鸟：新西兰的国鸟，是一种只在夜间活动、不会飞行的奇异鸟。

⑤ 黑天鹅：罗托鲁亚南部的陶波湖黑天鹅，它在湖中浮游，楚楚动人，美丽可爱。

[采桑子]

美国①旧金山②初见

越洋飞抵旧金山，异国人家。
满目繁华。
金门桥③跨海悬架。

市政厅④酷似教堂，艺宫⑤奇葩。
秀丽圣玛⑥。
渔人码头⑦景如画。

2006.6.26

---

① 美国：全称美利坚合众国，位于北美洲中部，北邻加拿大，南连墨西哥，东临大西洋，西濒太平洋，面积9372600平方公里，人口2.7亿，首都华盛顿。

② 旧金山：又称三藩市、圣弗朗西斯科，美国的西大门，世界著名旅游城市，远东金融贸易中心。地处美国西海岸加利福尼亚州，面积121平方公里，人口651万人。

③ 金门桥：金门大桥，旧金山的标志，建于1937年，全长2700米。采用悬浮式建桥方案，被称全世界最壮观的大桥，被视为世界桥梁建造史上声名显赫的里程碑和奇迹。

④ 市政厅：旧金山市政府所在地，建于1915年，仿罗马梵蒂冈圣彼得大教堂而建。

⑤ 艺宫：艺术宫。

⑥ 圣玛：圣玛利大教堂。

⑦ 渔人码头：世界闻名的旅游胜地，杰弗逊街和泰勒街交会的巨蟹标志是渔人码头的象征。

[七律]

帝国①梦

腾空飞临北美洲，未见帝国摩天楼②。
白宫③深锁难进出，女神④开放易自由。
国会大厦⑤少大员，华尔街⑥道多富豪。
五角大楼⑦称霸梦，一枕黄粱付东流。

2006.6.28

---

① 帝国：指美国。

② 摩天楼：世称双塔楼，指世贸中心，纽约最高的大厦，是纽约标志，于2001年"9·11"恐怖袭击事件中被毁。

③ 白宫：美国总统府，是美国首都心脏所在及全国最高权力象征，是历届总统办公及居住的行宫。

④ 女神：这里指照耀世界的自由女神像，她头戴额箍，右手高举12米的火炬，左手捧着美国《独立宣言》，其上面刻着发表日期：1776年7月4日。

⑤ 国会大厦：又称国会山，位于华盛顿市中心宾夕法尼亚大街，是首都华盛顿的象征，美国参、众两院举行国会的地方。

⑥ 华尔街：又称墙街，是一条位于纽约曼哈顿、长800米、宽11米的街道，是美国股票交易所和世界金融中心，它被视为美国垄断资本的代名词。

⑦ 五角大楼：位于华盛顿阿林顿镇，是美国陆、海、空三军总部和国防部所在地，因五幢楼房结连而成的等边五角巨型建筑而得名。

[浣溪沙]

旧金山天使岛①追昔

漂洋过海去淘金。
九死一生故华人。
天使岛上血泪深。

应知国弱民苦困。
暗无天日未沉沦。
自强不息求翻身。

2006.6.29

① 天使岛：美国旧金山的一个旅游景点，站在旧金山渔人码头，可以看到天使岛。1910年美国通过了排华法案，专门在天使岛建立拘留所，即用以囚禁华人移民的华人入境候审所，至1942年拘留所关闭。在30多年中关押了数千名华人，许多华人劳工、移民被拷打、火烧、吊死残杀，记载着华人移民斑斑血泪的悲惨历史。

[清平乐]

观览自由女神像①遐想

清风拂吹。

轻舟横渡水。

喜望碧空一神女，奋臂高擎火炬。

指点自由应对。

新生希望相随。

理想现实相悖，天堂地狱与谁？！

2006.6.30

———————

① 自由女神像：美国国魂的标志，美国的象征。美国独立100周年时法国送给美国的一份大礼。它矗立在哈德逊河口，纽约市曼哈顿南方的自由岛上，远眺着滔滔的大西洋。自由女神象征着美国人民争取自由的崇高理想。

[南乡子]

联合国①总部游吟

联合国总部。
反战维和中流柱。
消灾灭罪拯危难，救苦。
国际社会一中枢。

自由与民主。
世界和平护身符。
五洲四海涌战云，消除。
破碎地球②孰能补？！

2006.7.1

---

① 联合国：是维护世界和平与国际安全的重要的国际机构。位于纽约市曼哈顿岛东河西岸，自42街起直到48街上。联合国总部包括联合国大会大厦，联合国三个理事会议大厦，秘书大厦和两所图书馆。联合国总部的大门向全世界开放，游客可持参观券步入联合国大会堂或者安理会会议厅参观。
② 指联合国总部大门前的反战争标志的雕塑。

[望江南]

拉斯维加斯赌城①观玩

玩两手，输赢莫讲究。
内中乾坤难猜透，妙用自然循火候。
心怯不要赌。

随大局，小注多处投。
大盘庄家施手段，真金白银全捞走。
血本付东流。

2006.7.2

---

① 拉斯维加斯赌城：称为黄金堆砌的沙漠天堂，位于美国
内华达州大沙漠南边，是闻名全球的赌城和娱乐城。

[一丛花]

科罗拉多大峡谷①眺望

巨岩嶙峋势如虹。
峭壁深邃隆。
凌烟云谷玻璃桥②,似履冰,怵目惊恐。
苍茫迷离,变幻无穷,感慨与谁同?!

盘古开天显神工。
峡谷含苍穹。
自然丽景梦幻迴,任尔笑,返老还童。
登高临远,幽兴尚浓,心事付东风。

2006.7.3

---

① 科罗拉多大峡谷:位于美国西部亚利桑那州西北部的凯
巴布高原上。全长446公里,宽6~29公里,深1600米,是地球上
最为壮丽的景色之一,是美国自然景色的代表,被联合国选为受
保护的自然遗产之一,是世界七大奇观之一。
② 玻璃桥:是人工精心架设观摩大峡谷底层的玻璃桥。

[阮郎归]

乘船游览尼亚加拉瀑布①

一泓清流净涟漪，雾中少女②嬉。
攀栏寻观怯船移。
飞瀑溅湿衣。

临奇景，精神怡。
穿梭波涛迷。
兴叹人间浮世事，海鸥飞去时。

2006.7.4

———————

① 尼亚加拉大瀑布：是世界三大瀑布之一，也是世界七大
奇景之一。它位于美国纽约州西北部伊利湖和加拿大安大略湖连
接起来的尼亚加拉河上。
② 雾中少女：雾中少女号游船。

[一丛花]

夏威夷^①抒怀

夏威夷魅力无穷。
美岛风情浓。
碧海蓝天游艇弋，彩帆悬，阳光微蒙。
沙滩^②诱人，胜地风景，度假任放松。

难忘珍珠港^③惊梦。
二战旧影踪。
太平洋波急浪汹，帝国争霸战云涌。
人间天堂，变幻莫测，孰能意料中？！

2006.7.7

---

① 夏威夷：美国联邦于1959年设立的第50个州，位于北太平洋的夏威夷群岛，由8个大岛和124个小岛组成。总面积1.67万平方公里，人口约118.8万人。是美国太平洋海军基地，是世界旅游胜地。

② 沙滩：指欧胡岛威基基海滩，是夏威夷海滩的代名词，是闻名世界的白沙海滩。

③ 珍珠港：位于夏威夷欧胡岛南岸，因盛产珍珠而得名。1911年成为美国太平洋海军和空军基地，因1941年12月7日，日军成功偷袭珍珠港而成为旅游景点。

[七律]

洛杉矶①好莱坞随想曲

光怪陆离好莱坞②，世界影都够规模。
奥斯卡奖③明星梦，星光大道④名人谱。
一片抵得百艘舰⑤，二流演员成帝主⑥。
性感女神梦露⑦妇，名流绅士惹招呼。

2006.7.14

---

① 洛杉矶：美国西海岸最大城市。位于加利福尼亚州西南部洛杉矶河边，面积3500平方公里，人口790万，仅次于纽约，名列美国第二大城市。因有世界第一流的游乐园——迪斯尼，及今称世界影都的好莱坞而蜚声全球。

② 好莱坞：香港译作荷里活，意为冬青树林，它代表美国影片，位于洛杉矶西北部，是名副其实的世界影都。

③ 奥斯卡奖：1929年5月16日第一届电影艺术和科学电影学院奖颁奖，就是俗称的奥斯卡奖，每年一次，一直延续至今。

④ 星光大道：好莱坞大道，又是一条明星大道，留下无数世界级明星的足迹，铺设着2000多个星形青铜图案，大道全长5公里。

⑤ 一片抵得百艘舰：是英国首相丘吉尔在写给米高梅公司老板拍摄米尼弗夫人感谢信中的一句感激语：这是最好的战时动员，抵得上一百艘战舰。

⑥ 二流演员成帝主：里根是美国第四十任总统，从政前为好莱坞二流演员。

⑦ 梦露：好莱坞著名性感演员，从影10多年，拍了30多部电影。传闻与多位政要有绯闻。

[七律]

加拿大①异国情缘②

昨忆多伦多③市分，游子回首怆离群。
中加警察喜相逢，异国弟兄爱知音。
朋来远方如知己，友别眼前似故人。
莫言邂逅难相见，日后追思伴白云。

2006.7.15

---

① 加拿大：又称枫叶之国，面积997万平方公里，人口3048万，加拿大在北美洲北部、美国北边，属世界第二大国，首都渥太华。

② 异国情缘：在加拿大多伦多市旅游，邂逅该国警察。经领队介绍沟通，互相认识，交谈倍感亲切。虽时间短暂，但心灵相通，十分畅快。应加警察邀请，让我驾驶警车，并和他们一起合照留念。

③ 多伦多：位于安大略湖北面，是安大略省首府，加拿大第一大城市。

[唐多令]

枫叶之国①观感

枫树国之宝，枫叶炳千秋。

傲霜雪，风雨不倒。

扶摇挺立更英豪。

红遍地，美景收。

人如红枫好，巍然不低头。

细思量，天荒地老。

岁月更替水东流。

顺天命，少烦忧。

2006.7.16

----

① 枫叶之国：加拿大国别称。加拿大是红枫之国，国树为枫树。国旗上有三片红枫叶图案，国徽里也有三片红叶盾形状。枫树在加拿大人心目中具有不可替代的地位，如国之宝，是国家象征。

[江城子]

在南非①好望角②观海浪畅想

蛟龙戏舞水晶宫。
海浪冲。漫苍穹。
石崖骇涛，波卷万千重。
迪亚士③力挽狂澜，风暴角，难放纵。

万吨巨轮没海中。
闹龙宫。似途穷。
海底难测，嗟叹已成空。
唯有追念心事在，问功业，为谁雄?！

2009.9.28

———————

① 南非：全称南非共和国，别称"黄金宝石之国"，有"彩虹之邦"美誉。因位于非洲大陆最南端而得名南非。东、南、西三面濒临印度洋和大西洋，面积122.1万平方公里，人口4690万。南非是世界上唯一同时存在三个首都（行政首都比勒陀利亚，是南非中央政府所在地，立法首都开普敦，是南非国会所在地，司法首都布隆方丹，为全国司法机关所在地）的国家。
② 好望角：被称之为"天之崖、海之角"的好望角位于非洲西南端的开普敦市，好望角航线被称为"西方海上生命线"。好望角又称"风暴角"，还是一个"多难角"。
③ 迪亚士：葡萄牙航海家、探险家、"好望角之父"。

[蝶恋花]

南非失落城太阳城①观览

失落之城凭地起。
宫殿重现，新貌非昔比。
帝王享受称心意。
风流笑语春风里。

太阳城雄浑气势。
迷人之城，环球无几许。
只恐寒士难入住。
旧欢如梦何人喜？！

2009.9.29

----

① 失落城太阳城：是南非最大的娱乐城，有气度非凡的六
星级酒店——王宫酒店。失落之城是太阳国际集团总裁索尔·科
兹那耗资8亿南非币、费时两年，将传说中失落之城的建筑原貌
重现世界，故称太阳城。

[望江南]

在南非乘船环游海豹岛①

海豹岛，风急海浪滔。
成群海豹拥礁涯，嬉戏滑水逐波涛。
快乐又自由。

争伴侣，拼命厮打斗。
张牙舞爪露霸气，为爱尽情洒风流。
威猛领风骚。

2009.9.30

---

① 海豹岛：从南非开普敦半岛开车经十二门徒峰抵达豪特湾，乘船游览海豹岛。乘船出海，经过20多分钟劈波斩浪便可到达被茫茫大海波涛冲击拍打的海豹岛。在历时一个多小时的游航中，可观赏到若隐若现、活泼逗趣的成群海豹在石崖栖息、游荡、打斗的情景，游船可近距离观看成群野生的海豹觅食、哺育、繁衍的各种生态，十分可爱。

[望江南]

南非企鹅岛①游趣

小企鹅，潜伏沙滩上。
大腹便便燕尾服，摇头摆尾绅士样。
逗人笑脸张。

游客乐，企鹅好色香。
红男绿女便亲近，偷袭私处特别强。
小心免遭殃。

2009.10.1

---

① 企鹅岛：位于南非开普敦半岛的一个小岛屿海滩上。

[望江南]

在南非比林斯堡野生动物保护区①追踪

荒原阔,千嶂树横空。
枯草石崖似猛兽,众目睽睽追影踪。
开心笑灰熊。

长颈鹿,昂首在望风。
斑马犀牛羚羊逐,大象挡路车难动。
河马饮池中。

2009.10.2

---

① 比林斯堡野生动物保护区:是南非第三大野生动物保护区,占地面积500多平方公里。该区位于南非北部一古老的火山区内,举目四望,原野上遍布花岗石脉,区内栖息的动物在一万头以上。

[七言诗]

尼罗河①夜游船赏中秋②

南非埃及迪拜游，恰逢祖国六十寿。

国家强盛民富有，走出国门访五洲。

谁说月亮外国圆？尼河夜舫赏中秋。

中华儿女多奇志，环球世界遍华埠。

2009.10.3

① 尼罗河：非洲著名河流，纵贯非洲大陆东北部，流经布隆
迪、卢旺达、坦桑尼亚、乌干达、埃塞俄比亚、苏丹、埃及，全长
6650公里，是世界最长的河流。
② 赏中秋：2009年10月3日，时逢中国中秋节，在埃及开罗
乘船夜游尼罗河赏月，欣赏波斯肚皮舞和迷人的尼罗河美丽多彩
的夜景，在异国他乡赏月过中秋别有一番滋味。

[沁园春]

埃及[①]怀古

文明古国，地跨亚非，绵亘山河。
吉萨金字塔[②]，人类智慧，宏贯宇宙，独具神魔。
尼罗河流，生命之源，椰风莎草缀开罗。
木乃伊，狮身人面像[③]，盛世巨作。

蒙塔扎宫巍峨。
亚历山大灯塔[④]领舵。
阿斯旺水坝，萨瓦里柱，苏伊士河，威名远播。
韶光冉冉，尊前古今，伟绩勋业传世多。
细思量，人生爱风流，天地可歌。

2009.10.4

---

① 埃及：全称阿拉伯埃及共和国，别称金字塔之国、棉花之国，世界四大文明古国之一。地跨亚、非两洲，大部分位于非洲东北部，西与利比亚为邻，南与苏丹交界，东邻红海，北邻地中海。全国面积100.2万平方公里，人口7367万，首都开罗。
② 吉萨金字塔：是世界七大奇观之一，是埃及的象征，位于开罗吉萨区，建于距今4500年前，是古埃及法老和王后的陵墓。
③ 狮身人面像：在吉萨海夫拉金字塔畔有一尊巨大的守护神，就是举世闻名的斯芬克司狮身人面像，它是世界上最长寿的雕像，迄今已有4600年，它也是埃及的象征。
④ 亚历山大灯塔：世界公认的古代七大奇观之一，遗址在埃及亚历山大城边的法罗斯岛上。

[沁园春]

迪拜①奢华感触

一半海水，一半沙漠，奇景美甚。

人工棕榈岛，酋长皇宫，帆船酒店，厕所镶金。

高级宾利，奔驰宝马，敞篷跑车乱狂奔。

极奢华，沙漠育鲜花，海中植林。

当今，怵目惊心。

好景良辰如噩梦临。

阿拉伯音乐，中东风情，波斯艳舞，风光散尽。

次贷危机，黄金失色，亿万富翁债缠身。

君知否？世界第一楼②，沙滩绝品！

2009.10.6

---

① 迪拜：是阿联酋及世界上一个独特的城市，它独特的美来源于它景色的差异性：一半是海水，一半是沙漠。并以奢华著称。

② 世界第一楼：哈利法塔，全球最高的摩天大厦，200层、高828米，造价30亿美元，象征迪拜繁华世界的奢华建筑。

[七言诗]

芬兰①见闻——极地阳光②

芬兰风光有情趣，
珍贵阳光人扎堆。
室内冷气空开放，
仲夏子夜日相随。

2010.7.29

---

① 芬兰：全称芬兰共和国，"圣诞老人的故乡"。位于北欧，靠近北极，面积33.8万平方公里，人口517万，首都赫尔辛基。

② 芬兰是世界上"最北的共和国"，靠近北极，称为"极地"。冬天漫长寒冷，冰雪覆盖，三分之一国土在北极圈内，最北部冬季有60天不见阳光，称"极夜"；夏天短暂，但部分地方出现"极昼"，有60天昼夜太阳不落，称"极昼"，成就了午夜阳光和北极光的动人景观。

[贺新郎]

英伦①观光有感

游览伦敦去。

大本钟②, 精确报时, 斗转星移。

格林威治天文台③, 东西半球分殊。

望塔桥④, 观西敏寺。

浏览大英博物馆⑤, 珍稀品, 琳琅摆满橱。

君不看, 欲何知？！

皇家卫队⑥换岗姿。

好威风, 金戈铁马, 飙驰云驶。

白金汉宫⑦帝国梦, 一枕黄粱无疑。

唐宁街⑧, 风光远离。

回首鸦片战争时, 侵中华, 劫宝掠土地。

天下变, 难再起。

2010.7.30

① 英伦: 英国, 位于欧洲西北部, 面积24.4万平方公里, 人口6020万, 首都伦敦。

② 大本钟: 该钟是英国国会大厦高塔上的大本时钟的昵称, 该钟重13.5吨。

③ 格林威治天文台: 英国伦敦皇家天文博物馆。

④ 塔桥: 世界最著名的桥梁之一。连接伦敦塔横跨泰晤士河。

⑤ 大英博物馆: 位于伦敦市, 是一座世界历史文物博物馆。

⑥ 皇家卫队: 白金汉宫皇家护卫队。

⑦ 白金汉宫: 英国王室府邸。

⑧ 唐宁街: 唐宁街十号首相官邸。

[满庭芳]

游览法兰西①

浪漫巴黎②,世界花都,游览乐趣融融。
塞纳河③畔,骋目景无穷。
观埃菲尔铁塔④,凯旋门⑤,凡尔赛宫⑥。
红磨坊,法国大餐,心中情万种。

放松。
登蒙帕那斯大厦⑦,览遍芳容。
富丽堂皇气,金碧浮动。
逛香榭丽舍街⑧,卢浮宫⑨,一场春梦。
佳期在,端有相逢,别笑老顽童。

2010.7.31

———————————

① 法兰西:全称法兰西共和国,简称法国。位于西欧,面积
55.16万平方公里,人口6019万,为西欧面积最大的国家。
② 巴黎:法国首都,法国的心脏,世界十大名城之一,世界
最繁华大都市之一,素有世界花都之称。
③ 塞纳河:法国北部的一条大河,流经首都巴黎。
④ 埃菲尔铁塔:建于1887年,是世界著名的钢铁建筑物,
巴黎最有名的地标。
⑤ 凯旋门:1836年落成,位于夏尔·戴高乐广场中央,是最
著名的凯旋门,高50米,宽45米,是当年拿破仑为纪念法国大军
胜利而建造。
⑥ 凡尔赛宫:凡尔赛宫是世界闻名的法国王宫,现为历史博
物馆。
⑦ 蒙帕那斯大厦:巴黎最高大厦。
⑧ 香榭丽舍大街:位于协和广场与凯旋门之间,是世界上
最美丽、最繁华的大街之一,是法国重大节日庆祝中心。
⑨ 卢浮宫:是法国历史悠久的王宫,现为国立美术博物馆。

[水调歌头]

卢森堡①随想

微国卢森堡，富甲列西欧。
街道银行林立，人与地风流。
依山城堡巍峨，古树溪水环抱。
美景不胜收。
目力渺无际，踏阶胜登楼。

心中闷，宁神思，叹千秋。
半生萍梗江汉，何必觅封侯。
高处令人心悸，历险望而却步。
好趁醒时休。
含笑济时了，释怀解吾忧。

2010.8.1

---

① 卢森堡：全称卢森堡大公国，位于西欧北部，与德国、法国、比利时接壤。面积2586平方公里，人口42.9万。是欧洲微型国家，首都卢森堡。卢森堡是欧盟国民人均收入最高的国家，居世界第二位，购买力居世界第一位，为世界第七大金融中心。

旅欧追盗①

传闻欧洲小偷多，游客不时遭其祸。
团友皮包被抢劫，方信歹徒真家伙。
众力奋起齐捉盗，逃贼惊慌弃包躲。
提包失物全追回，严密防范尤为妥。
奉劝诸位要牢记：当今世界未平和！

2010.8.3

---

① 到欧洲观光旅游传闻多起游客被盗抢案件。领队也不厌其烦叮嘱团友要注意安全，严防小偷光顾。但个别团友以为这只是一些笑话，没当作一回事。当旅行团到达比利时观光、中午进餐馆用餐时，身边团友发生突如其来的被偷抢包事件，才猛然惊醒，感到事态严重。幸好众团友英勇，奋力追击，小偷落荒而逃，弃物逃命，才追回提包，未造成损失。但惊心动魄的一幕永刻心中。特赋诗一首以记之。

[五言诗]

在比利时①观赞小于连

于连小英雄，世人皆传颂。
敌军炸城楼，尿灭②导火筒。
英勇战强敌，机智斗顽凶。
拯救比利时，卫国第一功。

2010.8.4

---

① 比利时：全称比利时王国。位于欧洲西部，邻国有荷兰、德国、卢森堡、法国。面积3.05万平方公里，人口1033万，首都布鲁塞尔。

② 尿灭：撒尿小孩铜像，位于布鲁塞尔市中心的埃杜弗小巷，建于1619年。被称为"布鲁塞尔第一公民"的小英雄于连的铜像高53厘米，坐落在两米高的大理石座上。

[七律]

乘船畅游德国①莱茵河②

莱茵河畔细水柔，乘船观光风景优。
岸上山峦镶古堡，堤边葡园披锦绣。
和平景象亮丽在，世界大战伤痕留。
环球和谐人心向，自由欢乐迎行舟。

2010.8.5

---

① 德国：全称德意志联邦共和国。位于中欧，面积35.7万平方公里，人口8252万，首都柏林。
② 莱茵河：欧洲第三大河，发源于瑞士阿尔卑斯山，流经瑞士、列支敦士登、奥地利、法国、德国、荷兰六个国家，最后流入北海。全长1320公里。

[西江月]

荷兰①趣闻

誉"海上马车夫②",实造陆尼德兰。
郁金香美艳胜览。
木鞋工艺璀璨。

"世界性都③"尤过,"风车之国"④堪赞。
门小窗大船屋⑤冷。
蓝图瓷器⑥不凡。

2010.8.6

———————

① 荷兰:全称荷兰王国,别称尼德兰,含意指"低洼地带",被誉为"海平面下的王国"、"堤坝之国"、"郁金香王国"。东邻德国,南接比利时,西面和北面濒临北海。面积4.15万平方公里,人口1629万,首都阿姆斯特丹。

② 海上马车夫:荷兰国家不大,却极有特色。历史上航海技术高超,被誉为海上马车夫。

③ 世界性都:荷兰较为性开放,首都阿姆斯特丹有各式各样花街开放给各国游客参观,展出各种"橱窗女郎"、性器具和各种真人秀表演,故有"世界性都"之称。

④ 荷兰被称为"风车之国"。在荷兰田野上,处处屹立着样式繁多的风车。

⑤ 船屋:在阿姆斯特丹运河西岸,停靠着许多长方形车厢式船只,底部用混凝土固定在河床上,用钢链与河岸牢牢连接,当地人称为船屋。

⑥ 蓝图瓷器:由中国明朝传入,成为荷兰独特艺术品。

[浣溪沙]

瑞士①赏雪抒怀

铁力士山②冰凌美。
登临一路净无泥。
银峰绵峦寒风细。

白颔霜髯少年奇。
玩冰掷雪忘日西。
岁寒松柏更妩媚。

2010.8.7

---

① 瑞士：全称瑞士联邦，有"欧洲之脊"之称，"钟表王国"、"世界花园"的美誉。是欧洲中西部一个内陆国。面积4.1万平方公里，人口720万，首都伯尔尼。

② 铁力士山：位于瑞士小城琉森郊外，大仲马称它是"世界最美的蚌壳中的明珠"，海拔3200米，是阿尔卑斯山的最高峰，终年白雪皑皑，是滑雪胜地。

[五言诗]

列支敦士登①观光领悟

列支敦士登，国富人精神。
石头发光亮，邮票世界闻②。
雇邻国管事，无兵不操心。
活得够潇洒，神仙也吸引。

2010.8.8

---

① 列支敦士登：位于欧洲中部，莱茵河上游东岸，在瑞士和奥地利之间。全称列支敦士登公国，面积160平方公里，人口3.5万，首都瓦杜兹。是世界最富有的国家之一，视为瑞士中的瑞士。是世界上少有的"无兵之国"。

② 邮票世界闻：列支敦士登堪称邮票之国，以印刷精致的邮票而闻名于世。

[鹧鸪天]

奥地利①维也纳②华尔兹音乐欣赏

蓝色多瑙河③闻名。
音乐王国梦倾城。
弦音悠扬曲美妙, 燕舞翩飞步易惊。

身健在, 心放轻。
欢乐当歌怡晚情。
了知世事无凭语, 畅意忘尘日长明。

2010.8.9

---

① 奥地利: 全称奥地利共和国, 位于欧洲中部, 内陆国家, 欧洲著名"山地之国"。面积8387平方公里, 人口818万, 首都维也纳。被誉为"欧洲的十字路口", 欧洲的"心脏之国", 被称为"音乐王国"。

② 维也纳: 位于奥地利东北部阿尔卑斯山北麓的多瑙河畔, 是一座拥有1800多年历史的古城。素以"音乐之都"闻名遐迩。

③ 多瑙河: 是欧洲第二大河, 世界著名的国际河道, 发源于德国黑森林, 自西向东流经奥地利等9个国家, 全长2860公里。

第一卷 异国风情

[满庭芳]

意大利①水都威尼斯②游览

绿涌石堤,波横孤城,蓝桥琼楼水清。
穿梭巷陌,贡多拉③相迎。
缥缈画栏曲槛,望不尽,澄碧浮影。
摆渡处,风景绰约,水都叶舟轻。

纵情。
思陈事,寻芳访胜,风光无定。
问人间,何须身后浮名?!
沧海漫游信步,沐清风,洒脱前行。
伴佳人,柔情芳丛,端不负太平。

2010.8.10

——————

① 意大利:全称意大利共和国。位于欧洲南部,面积30.1万平方公里,人口5756万。首都罗马。
② 水都威尼斯:位于意大利东北部亚得里亚海滨,是座具有1500年历史的古城,素有"亚得里亚海明珠"之称。
③ 贡多拉:水都威尼斯一种特别的"水上巴士",是沿运河行驶的漂亮平底船。每个游客都觉得一定要坐一次贡多拉才算亲临威尼斯。

[渔家傲]

比萨斜塔①观感

闻名遐迩一斜楼。
八层圆塔可登高。
斜如不倒难猜透。
且优柔。
历经风雨仍依旧。

堪嗟日月如漂流。
天下奇迹复何求？！
顺其自然可永久。
莫动手。
善待苍生已足够！

2010.8.11

---

① 比萨斜塔：位于意大利利古里亚海东岸的比萨城内，比
萨城是托斯卡纳大区第二大城市。比萨斜塔是比萨教堂内的一
座钟楼。始建于1174年，1350年完工，为八层圆柱形建筑。600多
年来塔缓慢倾斜，但斜而不倒。比萨斜塔是世界建筑史上一大奇
迹。

[西江月]

游梵蒂冈①遐想

城中之国特色，政教合一驰名。
天主教皇大本营。
朝圣礼拜虔诚。

莫问平生功业，但愿天下太平。
世事无常惊梦醒。
唯求救世真经。

2010.8.12

---

① 梵蒂冈：被称为"城中之国"，天主教大本营。位于罗马市西北角，面积0.44平方公里，人口1400，首都为梵蒂冈城。它是全球最小的国家和世界天主教中心，也是特殊形式的政教合一国家。

大震①后看日本②伤感

今日看瀛洲③，倭人④鬼见愁。

大震丧元气，海啸遭劫数。

核电站爆炸，核辐射泄漏。

大和⑤难安宁，世界人担忧。

2011.10.29

---

① 大震：即日本大地震，发生于2011年3月11日14时46分，日本东北部宫城县以东太平洋海域发生里氏9级大地震，引发10米高海啸，福岛第一核电站一至四号机组爆炸，发生核辐射、核泄漏。截至当地时间4月12日19时，此次地震及其引发的海啸已确认造成1463人死亡，13691人失踪。

② 日本：国名日本国，又称日出之国，樱花之国，古称东瀛、倭国。位于亚洲东部，太平洋西北隅，四面环海，与中国、朝鲜、韩国、俄罗斯相望。总面积为37.78万平方公里，人口1.28亿，首都东京。

③ 瀛洲：东瀛、日本。

④ 倭人：日本人。

⑤ 大和：指大和民族、日本。

[捣练子]

北海道①子夜惊梦

北海道, 夜阑珊。
"深山蜜汤②" 美梦酣。
警报响, 魂魄散。

赤裸身, 逃外看。
地震警铃误报关。
日本游, 心难安。

2011.11.1

① 北海道: 日本第二大岛, 是日本四岛中最北的岛屿, 面积
为8.3万平方公里, 人口约570万。是日本屈指可数的旅游胜地。
② 深山蜜汤: 是北海道最著名的露天温泉。

[石州慢]

日本岚山①抒怀

春吐樱花，秋放红叶，岚山妙绝。
渡月桥②横河川，湖光山色明灭。
人在桥上，犹如乘月渡水，诗情画意临风别。
瞻仰周诗碑③，天涯旧恨雪。

情切。
阳光穿云，碧天光波，华中豪杰。
欲挽天河，一洗中原膏血。
人间天上，浩荡今夕风烟，唾壶空击怀壮烈。
破冰化严寒，环球解凉热。

2011.11.2

———————

① 岚山：日本京都第一名胜。岚山位于京都市西北，高375米，其自然景色不以高大巍峨见长，讲的是清秀、雅致、小巧，细微之处自有美感，似曲径通幽，别有风情。

② 渡月桥：是岚山最具代表性的景观之一，人在桥上，如乘月渡水，诗情画意盎然。

③ 周诗碑：1978年10月，日本友好团体为纪念伟人周恩来建了这座诗碑。1919年4月5日，远在日本留学的周恩来登上雨中的岚山，细雨中但见云雾缭绕，淡雅的樱花片片凋落，花瓣飞扬，视死如归般悲壮，深深触动了周恩来的内心，联想起国家革命的风云年代，他留下了《雨中岚山》的诗句："雨中二次游岚山，两岸苍松夹着几株樱，到近处突见一山高，流出泉水绿如许，绕石照人。潇潇雨蒙蒙雾，一线阳光穿云出，愈见姣妍。人间的万象真理，愈求愈模糊——模糊中偶见着一点光明，真愈觉姣妍。"

[相思引]

富士山①祝愿

第一圣岳富士山。
玉扇倒悬东海间。
五湖八峰，多姿多彩颜。

情牵魂绕伴孙玩。
明信飞鸿②表寸丹。
祝愿富国，成长像朝阳。

2011.11.4

① 富士山：别名圣山和不死山，是日本第一圣岳，也是世界上最大的活火山之一，目前处于休眠状态。位于日本本州中南部，海拔3776米，是日本第一高峰，也是日本三大名山（富士山、立山、白山）之一。

② 明信飞鸿：2011年11月4日在美丽的富士山游览时游兴正浓，思念在襁褓中可爱的乖孙陈富国，便寄出祝福明信片。

[苏幕遮]

印度①文明印记

天竺国，文明古。
恒河信仰，神祇②满天铺。
种姓制度③堪特殊。
不同阶级，界限未消除。

金三角④，贫穷处。
房屋残破，垃圾遍道路。
乞丐难民儿童苦。
牛粪如山，难诉愁无数。

2012.4.16

---

① 印度：全称印度共和国。位于南亚次大陆，面积约298万平方公里，人口约11.6亿，首都新德里。印度拥有5000余年的悠久历史，是举世闻名的世界四大文明古国之一。
② 神祇：印度教神像，约300万个神祇。
③ 种姓制度：印度社会的基本结构，且代代相传。它将社会划分为婆罗门、刹帝利、吠舍、首陀罗四大阶级。
④ 金三角：德里、斋浦尔和阿格拉被称为印度古文化之旅的金三角。

[苏幕遮]

瞻仰印度泰姬陵①联想

泰姬陵，世无双。
绝代佳人，倾一代帝王。
生死相随永不忘。
凄美爱情，刻骨铭心房。

赛宫殿，胜天堂。
登峰造极，富丽极堂皇。
端庄华丽放光芒。
无比圣洁，令人心向往。

2012.4.18

---

① 泰姬陵：印度诗人泰戈尔曾经形容泰姬陵是"永恒面颊上的一滴眼泪"。被誉为世界七大奇迹之一的泰姬陵，位于印度北方城市阿格拉亚穆纳河南畔，是莫卧儿王朝第五代皇帝沙贾汗为他的妃子泰姬·玛哈尔修建的陵墓。泰姬陵因爱而生，是世界著名的游览胜地。

[燕归梁]

尼泊尔①活女神②见闻

眉清目秀英姿妙。
似仙子风飘。
绫罗拂袖舞妖娆。
挥玉手,脸微笑。

完美无瑕考验挑。
童贞女,神娇俏。
库玛莉寺受拜朝。
月经来,竟折腰。

2012.4.19

---

① 尼泊尔:全称尼泊尔联邦民主共和国,素有山国之称。是
一个内陆国家,位于世界屋脊喜马拉雅山南麓,北邻中国,面积
147181平方公里,人口2700万人,首都加德满都。
② 活女神:被称为库玛莉,据说因为塔蕾珠女神某次化身
人形到王宫游玩时,国王发现后一时兴起邪念,女神震怒之下决
定不再给尼泊尔任何庇护。后来在悔过的国王苦苦哀求下,塔蕾
珠女神才答应以神圣不可侵犯的"处女神"之身——库玛莉代
替。

[燕归梁]

在尼泊尔观赏鱼尾峰①和喜马拉雅山②日出

神奇壮观鱼尾峰。
雪峦圆日红。
得天独厚仙景动。
关山隔，灵犀通。

喜马拉雅山群雄。
巍峨展，卧飞龙。
更邀豪俊驭长风。
好男儿，壮志同。

2012.4.20

---

① 鱼尾峰：尼泊尔安娜普娜山的一座神秘的山峰，海拔6993米，由于峰顶形状似鱼尾而得名。是尼泊尔的圣山和标志。

② 喜马拉雅山：世界海拔最高的山脉，位于亚洲中国与尼泊尔之间，耸立在青藏高原南缘，全长2400公里，宽200~350公里。主峰珠穆朗玛峰8844.43米，为世界第一高峰。

第二卷

中华风光

Zhonghua Fengguang

[定风波]

肇庆星湖①游感怀

肇庆星湖美如春。
桂林西湖景相含。
七星仙姿相对语,传神。
腹中天地摄人魂。

海波湖堤杨柳浔。
迎宾。
岩峰石洞钟乳林。
敞天石洞狮作主,威凛。
千年诗廊鼎湖韵。

1985.5.23

---

① 肇庆星湖:位于广东肇庆市北约4公里,包括七星岩和鼎湖山两部分,素有"千年诗廊"的美称。

[定风波]

开平碉楼①写照

开平碉楼显出名。
门窗窄小钢门硬。
楼高厚实置枪眼，御城。
楼顶哨望民如兵。

洪涝匪患扰民庭。
警醒。
碉楼安居保太平。
总见人间春色好，温馨。
风雨沧桑倍多情。

1985.5.26

_____

　　① 开平碉楼：坐落在广东开平县开平侨乡赤坎古镇广袤的田野上，共有1833座举世闻名的完好碉楼，见证了一个多世纪以来开平的风雨沧桑。碉楼源于明朝后期，随着华侨文化的发展而鼎盛于20世纪初。是融中西建筑艺术于一体的华侨乡土建筑群体。

[思佳客]

参观伟人故里韶山

一代伟人毛泽东。
丰功伟绩传世颂。
领导人民谋幸福，改天换地国昌隆。

圣灵地，韶山冲①。
人人歌唱《东方红》。
改革开放谋大业，振兴中华乘东风。

1986.7.1

---

　　① 韶山冲：毛泽东的故乡。位于湖南省湘潭市西30公里处，面积约70平方公里，是一代伟人毛泽东的诞生地，因而名扬世界。

[思佳客]

喜登岳阳楼①

岳阳楼上喜登临。
名楼山水巴陵郡②。
吴楚东南乾坤阔，万顷洞庭蓝波深。

烟水绕，风摇琴。
吹爽一颗壮怀心。
清凉世界最难得，又见云雨骤成阴。

1986.7.3

---

① 岳阳楼：位于湖南省岳阳市西门城头，洞庭湖畔。与湖北武汉黄鹤楼、江西南昌滕王阁并称江南三大名楼。自古有"洞庭天下水，岳阳天下楼"之誉，堪称江南三大名楼之首。
② 巴陵郡：指岳阳，岳阳古称巴陵郡。

[声声慢]

天涯海角①远眺

烟波浩淼，碧涛起伏，茫茫海阔天空。

椰林婆娑，阳光万缕浮动。

朵朵浪花拍岸，沙滩软，游人放纵。

望正远，片片白帆扬，点点飞鸿。

南天一柱孤悬，海角向天涯，情有独钟。

望洋兴叹，南海暗潮汹涌。

休教杞人忧天，水流激，鱼狙蛟龙。

水长长，意悠悠，海韵椰风！

1987.9.21

① 天涯海角：位于海南省三亚市，是我国最南端的城市和最著名的热带风光旅游城市，因其远离帝京，孤悬海外，故有"天涯海角"之称。

[声声慢]

海南岛亚龙湾①掠影

碧波水暖，白沙椰林，无花但觉馨香。
衷境湛蓝，和风吹拂清凉。
白鸥闲翔徘徊，随涛飘，掠过斜阳。
海浴场，泳客嬉水乐，日无短长。

快艇游弋追逐，乘风破重浪，放纵飞扬。
万顷清波，潜水猎奇无疆。
色彩缤纷游鱼，钻珊瑚，觅食慌张。
亚龙湾，海景美，芬芳无量。

1987.9.23

---

① 海南岛亚龙湾：位于海南岛三亚市东南25公里处，面积
141平方公里，是海南最南端的一个半月形海湾，是海南名景之
一。"三亚归来不看海，除却亚龙不是湾"。中国最美的八大海岸
亚龙湾位列首位。

[临江仙]

参观北京①故宫②有感

千古皇城佳绝地，登临恍若寻仙。
三宫六院胜三殿。
金龙方散锦，玉凤欲飞绵。

紫禁城宫九千九，无价之宝无限。
金銮宝座惟皇权。
今日观胜景，尚慰心中愿。

1988.8.28

① 北京：简称京，是中华人民共和国首都，位于华北平原北部，全市面积1.68万平方公里，人口1154万。

② 故宫：世界最大的皇宫，位于北京市城区中心，南接天安门广场，东邻王府井大街，西邻中南海，北连景山公园，是一座城中之城。故宫又称紫禁城，紫是指紫微正中的紫，意思是皇帝也是人间的正中。禁则是皇帝所居，严禁侵扰。

[玉楼春]

北京颐和园①览胜

万寿山巅佛香浓。
昆明湖畔烟波涌。
西堤桃柳如飘带，东堤石桥若映虹。

玉泉宝塔浮影动。
西山瑞霭寒翠拥。
兴来且伴湖中仙，颐和园作交帝梦。

1988.8.29

---

① 北京颐和园：原名清漪园，是清代乾隆皇帝于乾隆十五年即1750年为祝母寿所建。先后被英法联军、八国联军焚毁，遭受严重破坏，经多次修复才成现在规模，并于1888年改名为颐和园。它位于北京市海淀区城西北部，是中国现存最完整和规模最大的皇家园林，是帝王的行宫和花园。颐和园是万寿山和昆明湖的总称。

[玉楼春]

游北京天坛①抒怀

皇帝祭天天坛梦。

九五至尊寓九重。

天人感应天心石，天圆地方成一统。

祈年殿上呈龙凤。

祈天庇佑五谷丰。

寻思有趣回音壁，三音石传尔吟弄。

1988.8.30

---

① 北京天坛：位于北京正阳门外，永定门内大东街东侧，故宫东南方数公里处。为京城天地日月诸坛之首，是一座典型的坛庙，乃中国和世界上现存最大的古代祭祀性建筑群。始建于明永乐四年即1406年，是明、清两朝皇帝每年农历正月十五日和冬至祭天祈谷的场所。

[满庭芳]

登览八达岭长城①

居庸②登高，雄关恢宏，伟哉燕京八景。
望八达岭，绿绕群山青。
天下第一巨龙，矗巍峨，险峻天惊。
长飞越，翻山越岭，护国保太平。

深情。
壮山河，战夫填骨，战血相倾。
孟姜女寻夫哭倒长城。
无限沧浪幽影，时乘兴，还须清醒。
兴中华，世纪大业，继续上征程。

1988.9.1

---

① 长城：中国万里长城，是中国古代最伟大的防御工事。西起甘肃嘉峪关，东至河北山海关，途经甘肃、陕西、宁夏、内蒙古、山西、北京、河北七个省、市、自治区，全长6300公里。
② 居庸：北京八达岭居庸关长城，位于北京延庆县的燕山山脉居庸关北口，为燕京八景之一。

[朝中措]

平遥古城①墙观叹

十里高墙锁平遥，金城汤池峭。
三千垛口御敌，七十二楼除妖。

不崇武道，仁治天下，江山多娇。
德披四邻所归，浩然正气来朝。

1989.9.3

---

① 平遥古城：位于山西省中部，距太原市西南90公里，是我国著名的历史文化名城之一，以龟城之誉声名远扬。平遥坐落在中国的文化摇篮黄河中游，地处黄土高原东部、太原盆地的南部，总面积1260平方公里，总人口48万人。

[朝中措]

双林寺①彩塑像观赏

东方彩塑双林寺,艺术宝库地。
造型优美称绝,栩栩如生神奇。

神将魁梧,金刚勇猛,观音威仪。
艺术造诣精湛,伟哉中华慧智。

1989.9.5

---

① 双林寺:位于山西省平遥古城西南6公里桥头村,原名
"中都寺",宋代改名"双林寺"。佛祖涅槃古天竺沙罗双树下,
双树顿开白花,称为"双林入灭"。

[朝中措]

镇国寺①建筑技术观感

镇国寺龙槐古刹，建筑树典范。
结构雄伟壮观，技能气势非凡。

访古探幽，古刹风采，长留心间。
神钟暮鼓醒世，古老文明璀璨。

1989.9.6

---

① 镇国寺：位于平遥古城东北的郝洞村，总面积13328平方米，现存三座最古老的木质结构建筑。有1000多年历史的主体建筑万佛殿。展示古代中国建筑的精湛艺术和雍容大度的唐风唐韵，以及中国古代文明的源远流长与博大精深。

[木兰花]

参观晋祠①感怀

悬瓮晴岚百色浮。
宝塔披霞耀千秋。
古柏齐年知兴废，难老泉声水长流。

闲情莫恋古寺楼。
韶华岂能长独守！
愿将幽怀做文章，化为甘霖洒蓬蒿。

1989.9.10

---

① 晋祠：位于山西太原市西南部，坐落在悬瓮山下，晋水源头距太原25公里。是一处闻名全国、饮誉海外的著名风景旅游胜地。

[霜天晓角]

登黄鹤楼①观感

蛇山之杰，黄鹤楼高设。
望滚滚大江流，山崔巍，奔流彻。

鹤去楼空叠，天下奇景绝。
大好名楼不朽，国人福，满襟热。

1990.8.11

---

① 黄鹤楼：位于湖北省武汉市武昌区东部，长江之滨，蛇山之首。是中国历史名楼，有"天下绝景"的美誉。

[霜天晓角]

游览长江三峡葛洲坝①

巨龙横列, 滔滔大江切。
雄伟大坝高耸, 锁江心, 洪流贴。

银瀑飞奔急, 气势如虹越。
万吨巨轮漫游, 星斗移, 令人悦。

1990.8.14

① 葛洲坝: 葛洲坝水利枢纽工程, 是长江上第一座大型水力发电工程, 如巨龙横卧于湖北省宜昌西北南津关, 因其穿过江心葛洲坝而得名。于1970年动工, 1988年底二期工程全部竣工。

[蓦山溪]

桂林漓江①剪影

桂林山水。
清虚间相绘。
奇峦环野立，挺拔秀，神韵荟萃。
独秀孤峰，伏波山扼江，栖霞洞，芦笛岩，瑰丽洞中乳。

阳朔争魁。
城抱漓江随。
黄布倒翠影②，荡渔舟，画山③腾驹。
桂山叠彩，美景压群芳，雾黯淡，江朦胧，回荡心常醉。

1991.3.21

————————

① 桂林漓江：桂林漓江风景区，包括桂林市、阳朔县，总面积2064平方公里。漓江自兴安猫儿山蜿蜒流出，经桂林、阳朔、平乐至梧州汇入西江，全长437公里，被人们誉为世界上风光最秀丽的河流。有"桂林山水甲天下，阳朔山水甲桂林"之说。
② 黄布倒翠影：黄布倒影，漓江最美的景点。
③ 画山：漓江最著名的山，巨壁陡峭，临江而立，远看如一幅群马图。

[十六字令]

北部湾①观海随感（三首）

（一）

海，铺天盖地浪潮大。

弄潮儿，推波助澜来。

（二）

海，潮起潮落敞宽怀。

汇江河，万物可容载。

（三）

海，碧水千秋何精彩？

长流远，奔腾向时代。

1991.3.23

———————

① 北部湾：这里指北海市，地处广西最南端，濒临北部湾。
总面积3337平方公里，人口148万。著名的北海银滩是一个风景
秀丽的国家旅游度假区。

[永遇乐]

苏州园林①鉴赏

苏州园林，天下之冠，乾坤再造。
看拙政园②，池畔而建，田园在水浮。
亭榭楼阁，虹桥幽径，委婉曲廊溪流。
远香堂景致，荷风西亭，钟灵毓秀。

城郭山水，闹市林泉，留园③韵味丰厚。
沧浪亭外，蝉噪林静，鸟鸣山更幽。
赏花垂钓真趣，叠山理水，剑池虎丘。
得欢娱，天上人间，美景长留。

1992.5.5

————————

① 苏州园林：位于江苏省东南部的苏州市。以其古、秀、精、雅而声名鹊起，善于运用对比、衬托、借景、对景等手法，在意境上追求幽深、雅致，在景物安排上注重迂回曲折，柳暗花明，寓情于景，情景交融，充满诗情画意。沧浪亭、狮子林、拙政园和留园，分别代表我国宋、元、明、清四个朝代园林建筑的不同风格。

② 拙政园：是苏州最大园林，占地51950平方米。位于苏州东北街178号。

③ 留园：地处苏州市留园路，占地2万平方米。明万历年太仆寺少卿徐时泰建造东西两园。

[行香子]

江南著名水乡乌镇①游

江南乌镇，水乡迷人。
乌篷船，咿呀航运。
以河成街，铺面河圳。
小桥流水；石板巷，水阁伸。

柳垂水滨，老街无尘。
叫卖声，劲头十分。
蓝印花布，三白酒醇。
古镇风韵，惜离别，梦牵魂。

1992.5.7

---

① 乌镇：位于浙江省桐乡市的杭嘉平原，地处上海、杭州、苏州三大城市构成的金三角中心位置，古老的京杭大运河穿镇而过。是江南六大古镇之一。

[七律]

杭州①西湖②留影

久闻钱塘风景秀，结伴同来天堂游。

双峰插云③碧空映，三潭印月绿波浮。

苏堤春晓百卉妍，曲院风荷万人骚。

清风不解神仙醉，西子迷魂留杭州。

1992.5.10

———————

① 杭州：浙江省省会。古称钱塘，后称临安，为我国六大古都之一。位于浙江省北部，钱塘江畔。五代吴越和南宋在此建都，1927年建市。面积3068平方公里，人口387万。"上有天堂，下有苏杭"，以美丽的西湖山水称著于世。

② 西湖：位于杭州市城西而得名。旧称武林水，宋代始称西湖，又称钱塘湖，西子湖。总面积49平方公里，水面积5.6平方公里。

③ 双峰插云（下文"三潭印月、苏堤春晓、曲院风荷"）：这些景物均是著名的西湖十景之一，另六景为断桥残雪、平湖秋月、花巷观鱼、南屏晚钟，雷峰夕照，柳浪闻莺。

[感皇恩]

拜谒南京①中山陵②

钟山③龙盘地，伟人灵驻。
青天白日旌旗举。
三座大山，摧枯拉朽永去。
华夏烽火燎，国运树。

柏叶仙阶，翠拥云路。
天下为公宏愿主。
一统江山，台海无限风絮。
家国情萦怀，今难诉。

1992.5.12

---

① 南京：简称宁，别名石头城，金陵，史称"十朝古都"。位于江苏省西南部，临长江下游。

② 中山陵：位于南京市紫金山第二峰茅山南麓，是中国民主革命伟大先驱孙中山先生的陵墓，该墓地是孙中山生前到钟山亲自选定的。建于1926年，于1929年竣工。

③ 钟山：又名紫金山，位于南京市。因山上有紫色页岩，呈紫金色而得名。

[醉桃源]

畅游鼓浪屿①

鼓浪洞天海拍涯。
岩屿喷艳霞。
天风海涛徒相加。
鹭江第一花。

日光岩，景如画。
郑公振华夏②。
龙虎守江防禽鸦。
琴岛红屋华。

1993.10.3

---

① 鼓浪屿：原名园沙洲，别名园洲仔，明朝改称鼓浪屿。位于福建省厦门岛西南面，与厦门岛只隔一条600米的鹭江。因岛西南方有一礁石，每当涨潮水涌时，浪击礁石，声如擂鼓，明朝雅化为今名。小岛面积1.91平方公里，人口约2万人，有"万国建筑博览"、"钢琴之岛"、"音乐之乡"之称。
② 郑公振华夏：郑公即郑成功，1662年郑成功挥师东征收复被荷兰侵占38年之久的台湾岛。

[醉桃源]

游武夷山①遐想

彭祖避乱隐武夷。
八百岁寿西。
水秀峰奇远山齐。
欲穷九曲溪。

真山水②，出朱熹。
柳永宋词美。
子牙垂钓文王迷③。
天游峰泉飞。

1993.10.5

———————

① 武夷山：人们把长寿老人彭祖的两个儿子彭武、彭夷两人名字连起来作为武夷山名。位于福建省武夷山市南郊。方园570平方公里，这里重峦叠嶂，四面溪谷环绕，自古就有"奇秀甲于东方"的美誉。
② 真山水：是清朝康熙年间秀才林翰为武夷山风景区题写的匾额。
③ 子牙垂钓文王迷：相传当年姜子牙隐居武夷山中，在九曲溪直钩垂钓以待文王。

[醉落魄]

黄果树瀑布①观叹

白水秀色。
万练飞空青山碧。
悬崖大波倾洪直。
水石相碰,巨声如雷激。

犀牛潭②波哮山壁。
水帘洞③庭挂流席。
黄果树瀑布美极。
奇观销魂,终解徒相忆。

1994.5.4

———————

① 黄果树瀑布:又名白水河瀑布,位于贵州镇宁市布依族苗族自治县城西15公里的盘江支流的白水河上,故又名白水河瀑布,是我国最大瀑布,也是世界著名瀑布之一。

② 犀牛潭:是黄果树瀑布飞流直泻的一个大潭,深达17米。民间传说曾有一头犀牛常从潭中出没,守护宝藏,便把该潭名为"犀牛潭"。

③ 水帘洞:在黄果树大瀑布后面岩壁上,凹有一洞,因洞口为瀑布所掩盖,故名水帘洞。洞内岩壁上刻有"雪映川霞"四个大字。

[酹江月]

登泰山^①抒怀

五岳独尊，一览众山小，拔地通天。
三天胜迹唯仰步，千嶂奇观展现。
峰峦起伏，幽谷深壑，雄中藏秀脸。
云桥飞瀑，喜望峰回路转。

庆幸身临泰岱，吉祥之地，千年风韵见。
想象玉皇顶^②眺望，黄河金带长卷。
晨霞浴日，云海清风，陡觉红尘远。
休教肠断，名利何用深羡！

1995.6.8

---

① 泰山：五岳之一，古名岱宗，春秋时期始称泰山。位于山东省中部，我国的东部，故称东岳。泰山山势雄奇，景色秀美，居五岳之首。总面积426平方公里。
② 玉皇顶：为泰山主峰，泰山极顶。

[鹊桥仙]

孔子①礼赞

出尼丘山②，入至圣林③，谁似仲尼洪福。
天下第一家公侯，威名扬，传世诵读。

万世师表，中华圣人，至圣先师面目。
希夷耳濡目染醒，尊孔儒，推陈新局。

1995.6.9

① 孔子：中国历史上伟大的思想家、教育家、政治家。出生于春秋末期鲁国陬邑昌平乡（即今曲阜市东南二十五公里尼山附近），名丘，字仲尼。被后人推为万世师表，至圣先师，尊为圣人，爵封素王，拟如人君。
② 尼丘山：又称尼山，古代鲁国的名山之一，位于曲阜城东南30公里处。相传孔子父母在生孔子前，曾经到尼丘山祈祷求子，后来果然生下孔子。
③ 至圣林：又称孔林，是孔子及其后代子孙的专用墓地。孔子于公元前479年逝世，终年73岁。孔子死后，便安葬于至圣林。

[鹊桥仙]

孔庙①巡礼

皇宫庭院，宏伟气魄，建构南北中轴。
黄瓦红垣雕梁栋，参天树，碑碣林筑。

万仞宫墙②，金声玉振③，棂星门④脱世俗。
道贯古今⑤奎文续，集大成⑥，杏坛⑦耳熟。

1995.6.10

---

① 孔庙：素有"天下第一庙"的美称。孔庙是一组具有古代建筑色彩，规模宏大，气势雄伟的古代建筑群。它与北京的故宫和河北承德避暑山庄并称我国古代三大建筑群。

② 万仞宫墙：这四个朱红大字为清代皇帝乾隆的御笔，至今仍镶在孔庙的大门——仰圣门的门额上。仞是古代的量度，一仞是现在的八尺。乾隆为了显示对孔子学问渊博高深的尊崇，便书写了"万仞宫墙"四个大字。

③ 金声玉振：该字在仰圣门一座石制牌坊上。金声即击钟，为奏乐的开始，玉振即击磬，为奏乐的终止。

④ 棂星门：该三个大字是乾隆皇帝亲笔书写，镶在孔庙第一道门的门额正中。棂星是天上的文星。

⑤ 道贯古今：孔庙第一道腰门修建了两座相对称的木制牌坊：东题"德侔天地"，西题"道贯古今"。该八个字意指孔子给人的好处如同天地一样大，他的主张古往今来是最好的。

⑥ 集大成：是孟子对孔子的评价，"孔子之谓集大成"。意即孔子达到了集先贤之大成的至高境界。

⑦ 杏坛：是为纪念孔子讲学而修建的，四周栽了许多杏树，以纪念孔子收徒讲学盛事。

[好事近]

孔府①览胜

天下第一家, 衍圣公府望族。
文章通天圣人, 富贵无顶足②。

六代含饴③皇恩赐, 明七星④妙局。
寄语世人尽览, 稀世奇宝玉⑤。

1995.6.11

---

① 孔府: 又称衍圣公府。号称天下第一家的孔府, 位于曲阜城的中心, 孔庙的东侧, 是孔子嫡系后代长孙居住的府第, 是一个封建宫宅和住宅相结合的庞大建筑群。

② 文章通天圣人, 富贵无顶丰足: 孔府大门正中上方高悬着蓝底金字的"圣府"竖匾, 门框两边的明柱上悬挂着一副蓝底金字的对联: 与国咸休安富尊荣公府第; 同天并老文章道德圣人家。是清代名人纪晓岚所书, 字体端正大方, 十分秀美。这副对联中的"富"字居然少了一点, "章"字又居然将下面"早"字一竖一直通到上面的"日"字。据说这是孔府专用的两个字, 叫做"富贵无顶"、"文章通天"。

③ 六代含饴: 四字出自清朝乾隆皇帝之手, 意味着六世同堂。

④ 明七星: 孔府建筑的显著特色, 叫做明七星。孔府七座楼阁建筑布局是按北斗七星的形状建造。

⑤ 稀世奇宝玉: 一、孔府档案总计近万卷; 二、孔子后裔屡受历代朝廷恩渥赏赐, 府内珍藏的古董、字画、玉器约有九万件。

[瑞鹧鸪]

孔林①奇观

万木掩映孔林地。
一望无际墓群起。
桧柏苍翠神道深，碑碣林立可知位。

三坟鼎足②立丰碑。
携子抱孙意自迷。
问道四海成一孔，故人今应北山离。

1995.6.13

---

　　① 孔林：也称宣圣林，至圣林。位于曲阜城北约1.5公里，
是孔子及其家族的专用墓地。也是中国时间最久、规模最大、保
存最完整、建筑极为精致的氏族专用墓地，世界上罕见的古式陵
园，至今已有76代。
　　② 三坟鼎足：指孔子墓、儿子孔鲤的墓、孙子孔汲（子思）
的墓鼎足而建，又名"携子抱孙式"墓穴。

[玉楼春]

畅游内蒙古希拉穆仁大草原①

希拉穆仁草原美。
无际花草牛羊肥。
敖包相会②情相许，摔跤赛马比高低。

蒙古包下落日丽。
篝火晚会舞腰细。
长留青鬓伴红颜，莫让春思扶不起。

1996.8.29

---

① 希拉穆仁大草原：位于内蒙古呼和浩特市以北87公里。希拉穆仁蒙语意为"黄色的河"，海拔700米，典型的高原草场。

② 敖包相会：敖包会，原是蒙古民间传统祭祀节日，为的是祈求风调雨顺，人畜平安。"敖包"蒙古语，意即"堆子"，就是用人工堆成的"石垒"或"山头"的意思。现在的敖包会已演变成具有广泛群众基础的文娱体育活动。

[渔家傲]

缅怀一代天骄——成吉思汗①

一代天骄天下重。
金戈铁马蒙古龙。
逐鹿亚欧振雄风。
披殊荣，王者归来笙歌拥。

弯弓射雕无可用。
帝国没落霸王梦。
今日缅怀深鞠躬。
聊对捧，我为英灵高歌送。

1996.8.30

---

① 成吉思汗：元太祖，蒙古帝国奠基者，世界历史上最伟大和杰出的政治家、军事家。生于1162年，姓孛儿只斤，名铁木真，尊称成吉思汗，蒙古族人。1206年成为蒙古帝国可汗，建立历史上疆域面积最大的国家——蒙古帝国，1227年征伐西夏时病逝于六盘山。成吉思汗陵坐落在内蒙古鄂尔多斯中部的伊金霍洛旗甘德利草原上。

[渔家傲]

昭君墓①凭吊

冰清玉洁无俗调。
粉蕊丹青描不了。
塞外落雁②万花绕。
天与貌，仙娥乘风音杳杳。

人间万事何时少？
和平友好千里遥。
须眉难对巾帼笑。
凝望久，西风袅袅催泪掉！

1996.9.1

---

① 昭君墓：和平友好象征的昭君墓位于内蒙古呼和浩特市南9公里处的大黑河畔。墓身为人工夯筑的密封土堆，亦称"青冢"。是西汉时出使匈奴和亲增进民族团结而被后人传颂的宫女王昭君之墓。

② 塞外落雁：指王昭君，湖北省宜昌市兴山县人，是中国古代"四大美女"之一，有"落雁"之称。公元前33年，昭君出塞，与匈奴呼韩邪单于和亲，成为佳话。

[杏花天]

庆祝香港回归①祖国

香港回归祖国好。
举国庆，载歌载舞。
东方明珠耀全球。
一国两制成就。

尖沙咀，动感之都。
维多港，中西合流。
生活天堂全民造。
中华复兴来到。

1997.7.1

---

① 香港回归：香港面积1103平方公里，人口681.6万。1842年鸦片战争后被英国侵占。1997年7月1日中国政府对香港恢复行使主权，并设立香港特别行政区。

[少年游]

徽州古牌坊①奇观

徽州牌坊，蔚为大观，层出各不同。
造型雄伟，雕刻华丽，奇巧夺天工。

龙兴独对②，三元甲第③，鲍灿④孝行重。
乐善好施⑤，节劲三冬⑥，传世墨宝浓。

1998.8.15

———————

　　① 徽州古牌坊：徽州古牌坊与古民居、古祠堂并称为徽州三绝。徽州三绝又以牌坊为最。徽州牌坊是全世界绝无仅有的奇观，是徽州历史上的一枚勋章。
　　② 龙兴独对：是明朝正德年间，为纪念歙县城西槐塘村大儒唐仲实与明朝开国皇帝朱元璋对话一事而建的大牌坊。
　　③ 三元及第：三元坊额标上题有状元、会元、解元等字，预示莘莘学子的美好明天。
　　④ 鲍灿：鲍灿是个大孝子，饱读诗书，专心在家供养老母。老母年过七旬，而脚长了痈疽，治疗不见效，鲍灿就用嘴为母吮吸流脓的病脚，半个月就发生奇迹，脚病居然痊愈了。后孙子鲍泉贤中了进士，官封兵部左侍郎，因此皇帝封赠其祖父鲍灿兵部右侍郎，并旌立此孝行坊。坐落在歙县城外棠樾村。
　　⑤ 乐善好施：因棠樾鲍家盐商为朝廷修建八百里河堤，发三个月军饷，而受皇帝下旨连升捐赠大盐商鲍漱芳十级，并赠此坊。
　　⑥ 节劲三冬：鲍文渊的续弦吴氏22岁嫁到棠樾村，29岁守寡，到60多岁死去，在这30多年里，她历尽艰辛，将丈夫前妻的孩子抚养成人，又修了鲍氏九代坟墓，所以族人为她立此牌坊，颂扬她贞节不二，而脉承一线。

[少年游]

徽州古民居宏村①巡览

绿柳拂堤,风动荷香,拱桥映芙蓉。
青山如黛,半月水塘,户户清泉涌。

石板曲径,三雕艺术②,白墙黑瓦隆。
水乡风情,牛型村落③,漫游梦幻中。

1998.8.17

---

① 宏村:被称为"民间故宫","中国画里的乡村"。位于安
徽黔县东北部,距县城仅10公里。始建于南宋,至今有800多年
历史,为徽州第一大姓汪氏子孙聚族而居的地方。现保存完好的
明清民居有140余幢,是皖南古民居之最。
② 三雕艺术:指该地独具特色的古民居上的砖雕、木雕、
石雕艺术作品。
③ 牛型村落:指牛型村,宏村自古称为"牛形村"。

[少年游]

徽州古祠堂①胡氏宗祠鉴赏

胡氏宗祠②，古祠一绝，青史永留芳。
艺术木雕，气势磅礴，家庙香火旺。

胡姓生色③，世代显赫，祭祖圣殿堂。
修谱立传，统祠会谱，寻根见荣光。

1998.8.19

————————

① 徽州古祠堂：是徽州三绝中保存最多最好的建筑物。宗祠是一个宗族的族徽，是维系一个家族的精神纽带。

② 胡氏宗祠：今称龙川胡氏宗祠。坐落在距安徽绩溪县约10公里的瀛洲乡大坑口村。始建于宋代，后进行过几次大修缮。

③ 胡姓生色：对于胡姓子孙来说，绩溪是他们非常辉煌的一块家园。唐代出过散骑大将胡宓，宋代出过监察御史胡舜陟，明代出过奕世尚书胡富、胡宗宪，清代出过胡匡表、胡秉虔、胡培翠。他们著作丰硕，蔚成"三胡理学"。徽墨名家胡开文，红顶商人胡雪岩，近代著名学者胡适，当了国家主席的胡锦涛均出自这里。龙川胡氏宗祠仅是"尚书胡"一族的家庙，也是三十座胡家祠堂中的佼佼者。

[念奴娇]

登黄山①览胜

黟山千万仞,绝顶处,七十二高峰。
奇峦叠翠,鸣虫伴,溪吟瀑啸遥空。
莲花月池,丹崖夹石,莽莽天都雄。
仙人指路,人间胜境无穷。

茫茫云海渺,雾锁林壑,悬崖绝壁奇松。
灵泉穿涧,沐汤池,顿觉返老还童。
历险攀岩,从容观日出,金轮灿红。
江山峥嵘,世界奇观万种。

1998.8.21

———————

① 黄山:即黟山,地处安徽省黄山市黄山风景区。山体黝黑,远望呈青黛色,唐以前称黟山。后唐玄宗据《周书异记》有关轩辕黄帝在黟山炼丹修身得道升天的传说,下令改称黄山。

[木兰花令]

云南石林①奇观

莽莽石林拔地起。
千峰万石争高低。
突兀峥嵘如笋剑，嵯峨叠翠熔岩迷。

宛若少女绰约姿。
酷似动物峭壁立。
妙趣横生石出怪，独具魅力佳景奇。

1999.3.8

---

① 云南石林：在云南省石林县境内，离昆明89公里，分布面积为400平方公里，平均海拔1750米，为世界单体最高的喀斯特岩地质奇观，是云南独具魅力的风景名胜。石林远望犹如一片黑色莽莽森林而得名，被誉为"天下第一奇观"。

[木兰花令]

游览云南丽江古城①

丽江古城风景优。
五彩石街绿水流。
摩梭人家古瓦屋，穿巷过院石桥柳。

玉龙雪山②冰雪皓。
泸沽湖③畔草木茂。
城不筑墙主平安，独木舟横湖山渡。

1999.3.11

---

① 丽江古城：又称大研镇，地处云南省西北部、金沙江上游的丽江县玉龙山下。形似一块碧玉大研，故名"大研"，即大砚之意。面积约38平方公里，海拔2410米，居住有约4200户人家。有"中国水乡古城"之称，还以不筑城墙而驰名。

② 玉龙雪山：玉龙雪山距丽江城约18公里，山体南北排列，长约35公里，宽约12公里，共有十三峰。纳西语称它为"吾鲁"，兼有银龙、银石之意。

③ 泸沽湖：位于距丽江300余公里的宁蒗彝族自治县永宁区境内。泸沽湖因当地摩梭语称"落水"为"泸沽"而得名。泸沽湖总面积77700亩，海拔高2685米，平均水深4米，被摩梭人奉为"母亲湖"。

[木兰花令]

大理①观光

下关风城蛮闻名。
朝珠花美上关馨。
苍山白雪冰世界,洱海月色分外明。

蝴蝶泉②传殉爱情。
崇圣三塔③树清净。
五朵金花出大理,大理风光出古城。

1999.3.16

---

① 大理:祖国西南的高原明珠,云南白族自治州首府,中国历史文化名城和国家级风景名胜区。大理风光景区最出名当属"风花雪月",即:"下关风"、"上关花"、"苍山雪"、"洱海月"著名四景。

② 蝴蝶泉:位于洱海旅游区内,以雯姑和霞郎生死不渝的一对白族恋人殉情并化为蝴蝶的凄美传说为题,故名蝴蝶泉。

③ 崇圣三塔:位于大理中和镇西北2公里的苍山应乐峰下,原为南诏一组颇具规模的佛教寺庙。现寺已毁,三塔犹存。卓然挺秀,俊逸不凡。主塔又名寻塔,南北为二小塔。

[杏花天]

祝贺澳门回归①祖国

澳门回归大庆祝。
锣鼓声，万方同曲。
大三巴坊红旗簇。
别了葡国总督。

侵占者，无能收局。
濠江人，奋斗持续。
华洋共处谋幸福。
经贸繁荣飞速。

1999.12.20

---

① 澳门回归：澳门，别称濠江。面积35.8平方公里，人口50多万。1553年被葡萄牙侵占。1999年12月20日中国政府恢复对澳门行使主权，设立澳门特别行政区。澳门是世界四大赌城之一。

[念奴娇]

峨眉山①览悟

高凌五岳,海拔越三千,洞天②胜迹。
大地苍茫开眼界,长天澹荡胸壁。
天下名山③,秀甲九州④,禅关峨眉别。
金顶祥光⑤,了知景是空寂。

年长应免多情,看透虚空,应使芳尘歇。
徒倚阑边临翠壑,千顷风烟横溢。
洗尽凡心,满身清露,淡然对风月。
快乐长生,记取休向人说。

2000.6.6

① 峨眉山:位于四川省峨眉山市西南7公里处,面积154平方公里,海拔3099米,是我国四大佛教名山之一,普贤菩萨的道场。
② 洞天:福地洞天是我国古代道教对风景佳绝处的雅称。他们将祖国的山河分为三十六洞天、七十二福地。峨眉山被列为第七洞天。
③ 天下名山:指郭沫若题写"天下名山"牌坊,以颂扬峨眉山。
④ 秀甲九州:魏晋时印度高僧宝掌和尚赞峨眉山"高凌五岳,秀甲九州,震旦第一山也。"
⑤ 金顶祥光:又称峨眉佛光、峨眉宝光。人背向太阳而立,太阳光透过云层,便出现以自己头影为中心的七彩光环。

[念奴娇]

九寨沟^①咏叹

童话世界，看翠海叠瀑，山海同色。
梦绕彩林犹眷恋，碧峰霁云千叠。
水清如镜，涟漪多彩，变幻无穷绝。
藏羌风情，独具神奇魅力。

访山湖泊滩流，探原始森林，漫游舒适。
历览人间，九寨沟，自然美景铺设。
纤尘不染，碧空寥廓，花树影明灭。
世界仙境，顿忘身世形迹。

2000.6.9

---

　　① 九寨沟：位于四川省西北部阿坝藏族羌族自治州九寨沟县境内，是长江水系嘉陵江源头的一条大支沟。因其沟内有盘信、彭布、故洼、黑角寨、树正、荷叶、扎如、盘亚则查洼、日则等九个藏族村寨而得名。总长80公里，景区面积620平方公里。有"童话世界"、"人间仙境"的美誉。

[千秋岁]

乐山大佛①大观

凌云山岫。
乐山大佛豪。
坐壁观三江合流。
面露慈悲容，双耳垂肩后。
微笑口。
神势肃穆披佛裘。

足踏大江流。
双手抚膝头。
眉眼大，鼻梁高。
气魄更雄伟，雍容显大度。
体态秀。
天下第一佛长留。

2000.6.13

———————

① 乐山大佛：又名凌云大佛。位于乐山市城东的岷江、青衣江、大渡河三江汇合处，是依凌云山栖鸾峰临江峭壁凿造的一尊弥勒坐像。由唐代著名高僧海通法师为减杀水势，普度众生而发起，始凿于唐开元年（713年），历时90余年方建成。是世界上最大的石刻大佛。给人以"山是一尊佛，佛是一座山"之感。被誉为宗教学、水利学和传统雕刻艺术的经典。

[七律]

游哈尔滨太阳岛①

松花江畔园林茂，鸟语花香景色秀。
太阳岛立太阳石，丁香园放丁香球。
冬凝冰雪世界景，夏秀水上乐园图。
带形沙滩游人迷，畅游野浴逐浪浮。

2001.6.23

---

① 哈尔滨太阳岛：位于黑龙江省哈尔滨市松花江北岸，是全国著名的旅游避暑胜地。总面积88平方公里，规划面积38平方公里，外围面积50平方公里。是一个沙丘之岛，四面环水，气候宜人，春季繁花盈野，夏日白沙碧水，秋时玉树金叶，冬天飞雪轻舞，构成一幅幅独具特色的北国风景画卷。素有"北国风光赛江南"之美誉。

[渔家傲]

勿忘"九一八"①

九月十八黑风起。
东瀛倭寇进犯时。
东北沦陷国蒙耻。
铁蹄底。
民不聊生家园失。

伟大民族不可欺。
抗日烽火遍大地。
誓将鞑虏驱除去。
大刀曲。
浩气长存英雄志。

2001.6.28

---

① "九一八":1931年9月18日晚10时20分,日本侵略军在沈阳炮制了"九一八"事变(也称"柳条湖事件"),一夜之间,沈阳城乡尽沦陷于日寇铁蹄下。不久,日寇得寸进尺,将辽、吉、黑以及热河四省全部占据,东北大好河山沦陷长达14年。为了纪念"九一八"事变,1991年5月辽宁省沈阳市政府在柳条湖以南200米处建造"九一八事变"纪念馆,位于沈阳市大东区望花南街46号。同年9月18日正式开放。

[踏莎行]

参观伪满皇宫^①感悟

伪满皇宫，中日合璧，殿堂建筑古今现。
末代皇帝成咸（闲）龙^②，卖国求荣辱脸面。

囚犯革新，皇帝转民^③，世界奇迹天下传。
救国救民匹夫责，国家复兴理当然。

2001.6.27

---

① 伪满皇宫：位于吉林省长春市东北部，是清朝末代宣统
皇帝爱新觉罗·溥仪充当日本伪满洲傀儡皇帝时的宫廷。其建筑
风格多样既有中国旧式的带廊瓦房，又有"中日合璧"的殿堂，还
有欧式情调楼宇，可谓古今杂陈，中外并举。

② 咸龙：当时民间曾流传这样一句话："小皇帝住盐仓，咸
（闲）龙一条"。

③ 皇帝转民：溥仪曾三次当皇帝，又三次下台。即做过末代
皇帝、复辟皇帝、傀儡皇帝，也做过囚犯、公民。

[江城子]

在图们江畔①远眺朝鲜②

图们江畔水溶溶。

绿野通。

贯朝中。

亘古友谊，和泪说英雄。

伤心不见江花红，问人间，有苦衷。

登楼远眺思无穷。

道不同。

任西东。

水势无波，鸿沟戍不攻。

情怀造到无心处，津渠成，百世功。

2001.6.28

---

① 图们江：是吉林省东南边境中国与朝鲜的界河，是延
边朝鲜自治州第一大河流。发源于长白山东南石乙水。满语原称
"图们色禽"。"图们"意为"万"、"众"，"色禽"意为"河源"。
"图们色禽"即为"万水之源"之意。全长525公里，中朝界河段
510公里。

② 朝鲜：全称朝鲜民主主义人民共和国。位于亚洲东部朝
鲜半岛北半部。总面积122762平方公里，人口2405万多。首都平
壤。

[鹧鸪天]

登览长白山①天池②

长白山巅一瑶池。
群峰峭拔悬泓漪。
深池浩渺波如镜，湖光涧影似仙姿。

岳崔巍，泉吐珠。
美人松舞叶艳时。
林海雪原北国美，胜景长留慰幽思。

2001.6.29

---

① 长白山：古称不咸山，太白山。位于吉林省东南部，纵贯安图县（延边自治州）、抚松县（白山市）和长白朝鲜族自治县。东西宽48公里，南北长80公里，面积约236750公顷。海拔720至2691米，东南与朝鲜毗邻。
② 天池：位于长白山主峰白云峰（海拔2691米，为中国东北第一高峰）火山锥体顶部，是一座火山口湖。为中朝两国共有，是中国最深的天然湖。

[如梦令]

革命圣地西柏坡①追忆

百万雄师入城，解放全国已定。
残敌透心凉，大势已去投诚。
欢迎。欢迎。
红旗插遍北平！

2002.6.2

① 西柏坡：指西柏坡中共中央旧址，位于河北省石家庄市平山县太行山东麓的西柏坡村。从1948年5月26日到1949年3月23日，这里是中国共产党中央委员会和中国人民解放军总部所在地。1948年5月，这个小山村成了毛主席和党中央进入北平，解放全中国的最后一个农村指挥所。

[水龙吟]

云冈石窟①佛像鉴赏

昙曜五窟②佛老，石雕艺术经纶手。
佛躯魁伟，气宇轩昂，祖风传授。
面相方圆，深目隆鼻，耳垂肩厚。
披袈裟博带，头戴珠冠，真容壮，身健秀。

造像顶峰成就。
数云冈，光前垂后。
中原文明，汉化风格，古今稀有。
岩廊风范，雕刻精华，相期长久。
世遗产，人类宝库，共鉴赏，常益寿。

2002.6.6

---

① 云冈石窟：我国三大石窟群之一，世界闻名的艺术宝库之一。坐落在山西省大同市城西的武周山南麓。石窟依山开凿，已有1500年历史，东西绵长1000米，现有洞窟45个，大小窟龛252个，石雕佛像51000千尊，是我国最大的古代石窟群之一。
② 昙曜五窟：昙曜是著名的凉州禅师，由于云冈石窟第一期工程由他负责建造，故名昙曜五窟。

[水龙吟]

谒佛教圣地五台山①

五台山紫气浓，释迦牟尼佛光重。
千手观音②，英姿勃勃，六根圆通③。
文殊菩萨，智慧第一，法力无穷。
五爷显神灵，有求必应，神保佑，化险凶。

大白塔云天耸。
脱凡俗，妙立高峰。
触手法轮，吉祥如意，平安顺风。
风飘铜铃，叮当作响，心灵感动。
一零八烦恼，法门④无边，脚下转送。

2002.6.8

---

① 五台山：又名紫府，位于山西省五台县东北隅，是我国著名的佛教圣地之一，与浙江普陀山、四川峨眉山、安徽九华山合称我国四大佛教名山，居于佛教四大名山之首。

② 千手观音：全称千手千眼观世音菩萨，是古代印度的太子，名叫不朐，他同阿弥陀佛及阿弥陀佛右胁侍合称西方三圣。

③ 六根圆通：指佛教讲的眼、耳、鼻、舌、身、意六根互用。

④ 法门：佛家把解脱烦恼之道称为法门。人生共有108种烦恼，五台山上菩萨顶108级台阶代表108个法门，全部走过踩在脚下，便成了没烦恼的人。

[秋夜雨]

北岳①悬空寺②观叹

悬空寺吊恒山角。
峭壁楼阁错落。
奇特又险峻，惊魂见，木桩支托。

胆战心惊怕久留，一步一惊心足乐。
公输天巧杰作。
永屹立，安然如昨。

2002.6.12

---

① 北岳：指恒山，位于山西省浑源县城南。相传远在四千
年前，舜帝北巡至浑源，见恒山气势雄伟，遂封为"北岳"，为北
国万山之宗主。
② 悬空寺：位于恒山唐峪金龙峡，是天峰岭与翠屏山东西
两壁对峙的峡谷。西碧山腰的奇特建筑群就是悬空寺。

[新荷叶]

道教圣地武当山①观览

道教圣地，兼险秀幽雄奇。
真武大帝②，修炼得道此飞。
仙山琼阁，灵功显，天国神威。
大岳武当，皇家气派氛围。

天主峰昂，一柱擎天气势。
金殿③庄严，铜铸赤金光辉。
大帝铜像，真仪容，丰姿魁伟。
举世无双，第一仙山名归。

2003.11.5

---

① 武当山：又名太和山，是道教名山和武当拳的发源地。位于湖北省西北部十堰市丹江口境内，北通秦岭，南接巴山，连绵400多公里，面积约312平方公里。它兼有五岳之"雄、奇、险、秀、幽"，有七十二峰、三十六岩、二十四涧、十一洞、十石、九泉、八宫等自然风景名胜。
② 真武大帝：即西周时期净乐国第五太子真武，后被奉为真武大帝，曾在此修炼42年而得道飞升，后世易名为武当山，意谓"非真武不足当之"。
③ 金殿：又称金顶，坐落在武当山主峰天主峰顶。殿内设神坛，塑真武大帝坐像。

[夏初临]

庐山①恋怀

鄱阳湖畔,匡庐叠嶂,崇岭万仞清和。
汉阳峰突,康王谷隐香罗。
纵览云飞翠疏。
三叠泉,洪泻清波。
飞瀑悬泉,缠雾腾腾,桃花朵朵。

仙人洞天,龙首崖昂,五老峰聚,阅遍山河。
美庐别墅,荣辱兴衰蹉跎。
当鉴尤可。
东林寺,佛禅圣座。
喜登临,胜景动人,聊寄吟哦。

2004.3.3

---

① 庐山:又称匡庐、匡山。位于江西省九江市南,北靠长江,南濒鄱阳湖畔。庐山始见于西汉司马迁《史记》,文中有:"太史公曰:余南登庐山,观禹疏九江。"庐山方圆250平方公里,长25公里,宽10公里,有99座山峰。

[风入松]

秦皇岛①北戴河②骋怀

秦皇岛外汪洋遥。
北戴河多娇。
群虎盘踞中海滩，观沧海，烟波浩渺。
联峰山前波横，松风碧涛潇潇。

沙软浪平见渔樵。
游浴畅泳妙。
避暑消夏心神怡，浑忘却，始觉尘消。
眼底海山壮丽，天涯倦客魂飘。

2005.7.10

---

① 秦皇岛：是中国唯一以皇帝名号得名的城市。位于河北省东北部邻榆县西南，是我国北方的一个天然不冻良港，是渤海之滨的一颗璀璨明珠。
② 北戴河：位于秦皇岛市西南方向，是举世闻名的海滨旅游胜地和避暑胜地。全市面积70.14平方公里，人口6.1万。

[风入松]

游览天下第一关①抒怀

天下第一关隘深。
金戈锁京尘。
依山傍海镇国门，老龙头，威武凌人。
吊桥横池高挂，箭楼雄踞难登。

从来战火难消沉。
御敌可防侵。
万里长城永不倒，高筑墙，举国齐心。
枕戈待旦习武，富国强兵精神。

2005.7.13

---

① 天下第一关：即山海关，古称榆关，也作渝关，又名临阊关。位于河北省秦皇岛市东北15公里。其自然区域面积180平方公里，是明长城东部重要关隘。"两京锁钥无双地，万里长城第一关"，历史上为兵家必争之地。始建于明洪武十四年（1381年），城墙是土筑、砖包，高14米，厚7米，周长4公里。

[青玉案]

秦陵①凭吊

横扫六合成霸主。

平四方, 功勋殊。

一统中华②帝业树。

旷世英武, 强国雄风, 诸侯西来附。

规模宏大秦陵墓。

兵马俑阵国宝库。

雕塑艺术受赞许。

形态各异, 神情逼真, 世间无觅处。

2006.8.2

----

① 皇陵: 即秦始皇陵, 是秦始皇赢政的陵墓, 是中国乃至世界上规模最大的陵墓。位于陕西省西安临潼县骊山脚下, 距西安35公里, 南傍骊山, 北邻渭水。秦始皇陵总面积达56平方公里。陵园面积8平方公里。

② 一统中华: 从公元前230年至公元前221年, 不到10年间赢政统领秦军灭掉了韩、赵、燕、魏、楚、齐六国, 结束了中国历史上长期分裂割据的局面, 建立了第一个统一的中央集权的封建帝国, 秦始皇成为统一中国的第一人。

[青玉案]

游骊山华清池①感怀

垂柳拂岸花千树。
华清池，风情露。
唐皇贵妃温泉度。
春宵苦短，君王难朝，长殿盟誓②古。

骊山捉蒋起风絮。
西安事变③和平处。
张杨为国功劳殊。
世事沧桑，年时花下，人在阴晴路。

2006.8.6

---

① 骊山华清池：骊山位于陕西省西安市临潼区，海拔1256米。传说山上树木茂盛，形如一匹纯青色的骊马，故名骊山。唐玄宗天宝年间，修建宫殿楼阁，将温泉池置于宫中，改名为"华清宫"。因宫在温泉上，故名"华清池"。

② 长殿盟誓：唐天宝十年，唐明皇携杨贵妃到长生殿游乐，在7月7日晚两人对天盟誓："在天愿作比翼鸟，在地愿作连理枝"，表示两人长相厮守，忠贞恩爱。

③ 西安事变：1936年12月12日的清晨，爱国将领张学良和杨虎城率领军队包围蒋介石的住处华清池，蒋仓皇逃出，在骊山一个小石洞被逮住。后中共派周恩来和平处理，释放蒋介石。

[五律]

宁夏^①沙坡头^②奇观^③

北旅黄河边，沙坡头眺延。

驱车风漠塞，迈步沙海天。

投林雁行直，落河夕阳圆。

驼铃景迷人，陶醉在自然。

2007.10.10

---

① 宁夏：全称宁夏回族自治区，简称宁，别名塞上江南，以
西夏安宁得名。宁夏居黄河上游，北倚贺兰山，南凭六盘山，黄河
纵贯宁夏北部全境，是我国五大自治区之一。总面积66400平方
公里，人口562万。

② 沙坡头：位于宁夏中卫市以西20公里的腾格里沙漠的东
南边，濒临黄河。"腾格里"是蒙古语，意为"天上掉下来的"。沙
坡头在中国第四大沙漠腾格里沙漠南端。因在河边形成一个宽
2000米，高100米的大沙堤而得名"沙坡头"。

③ 该诗是仿王维《使至塞上》而作："单车欲问边，属国过
居延。征蓬出汉塞，归雁入胡天。大漠孤烟直，长河落日圆。萧
关逢侯骑，都护在燕然。"

[渔家傲]

宁夏沙湖①观景

贺兰山②下沙湖游。
碧波万顷泛行舟。
芦苇丛丛立水浮。
欢笑高。
浪卷鱼跃惊飞鸥。

大漠戈壁金沙洲。
塞外明珠边城秀。
驼铃思古意柔柔。
好世道。
自然胜景领风骚。

2007.10.11

① 沙湖：位于宁夏平罗县西南境内，距银川市56公里。总面积82平方公里。

② 贺兰山：贺兰山绵亘于宁夏西北部，位于宁夏和内蒙古交界处。南北长200多公里，东西宽15～60公里，山地海拔在1600至3000米，最高峰3556米，平均海拔2000多米。贺兰山山势雄伟，峰峦重叠，崖谷险峻，巍峨壮丽，若群马奔腾，蒙古语称骏马为"贺兰"，故名贺兰山。

[千秋岁]

游天山天池①遐想

天山云浮。
瑶池水碧透。
花树映, 众仙游。
凝脂散清香, 雪乳涌银瓯。
天然秀。
回身昵语玉腰瘦。

黑龙潭波皱。
玉女池水幽。
销魂处, 春光后。
再想弄前欢, 美景人间有。
情难收。
西王母娘爱风流。

2008.9.4

———————

① 天山天池: 位于新疆乌鲁木齐以东约100公里的阜康市境内的天山山地, 由数列走向东西的平行山脉及其间断层陷落的盆地、谷地组成。托木尔峰海拔7435.3米, 为天山山脉最高峰。天池, 古称"瑶池", 是古代神话传说中王母众仙沐浴的地方。

[武陵春]

走过火焰山①

火焰山像大火炉，唐僧②过火洲。
历尽劫难去西游，真经取到手。

人生凶险何惧有? 只要不低头。
大小火山都能过，无畏显风流。

2008.9.6

————————

① 火焰山：又称"赤石山"，维吾尔人称为"克孜勒塔格"，
意为"红山"。位于新疆吐鲁番盘地的北缘。火焰山位于吐鲁番
腹地，成为世界内陆最低的盆地和世界的热火炉。著名的古典神
话小说《西游记》孙悟空三借芭蕉扇扑灭火焰山烈火的故事就
取材于此。
② 唐僧：原名陈伟，别名玄奘，唐朝著名的三藏法师，汉传
佛教历史上最伟大的译师，生于602年至664年，河南洛阳维氏县
人（今偃师市南境），佛教法相宗创始人。

[武陵春]

喀纳斯湖①猎奇

西域仙境喀纳斯，锦绣如画中。
湖光山色相辉映，叠翠绿波共。

神秘莫测变色湖，美景像彩虹。
湖怪之谜神又神，猎奇人心动。

2009.9.8

---

① 喀纳斯湖：位于新疆阿勒泰市布尔津县北部，属阿勒泰市，距县城150公里，是一个坐落在阿尔泰山深山密林的高山湖泊。"喀纳斯"蒙古语是"美丽富饶、神秘莫测"的意思。喀纳斯湖即"美丽而神秘的湖"。

[眼儿媚]

上海世博会①观赏

上海世博人匆匆。
精彩赏无穷。
全球经典，未来创意，都市太空。

四海之宝②世界同。
人人追求中。
低碳城市，智慧家居，和谐共融。

2010.6.22

---

① 上海世博会：2010年5月1日至10月31日，中国2010年上海世博会在上海举行，共有242个国家和国际组织参加。
② 四海之宝：上海世博会吉祥物"海宝"。它以汉字的"人"作为核心创意。

[眼儿媚]

上海世博会中国国家馆①观叹

东方之冠高万重。
世博见巨龙。
鼎盛中华，智慧之脉，世界轰动。

天下粮仓百姓供。
万物咸亨通。
美好生活，相携同乐，岁月火红。

2010.6.23

————

① 中国国家馆：又名东方之冠。位于世博园区A片区，世博轴东侧。建筑面积3层、约16.01万平方米。大红外观，斗拱造型，外形酷似一顶古帽，故名为"东方之冠"。

[唐多令]

外滩①乘船游黄浦江②观夜上海

外滩乘船游,夜景迷人透。
黄浦岸,华灯琼楼。
光彩夺目不夜天,大上海,繁华埠。

泛光荡江舟,艳丽逐水流。
看素娥,嬉戏船头。
说着春情谁不爱? 夜上海,醉中留。

2010.6.25

---

① 外滩:即上海外滩,又名中山东一路,全长约1.5公里。旧
时为上海县城至苏州河南岸、黄浦江西岸的滩地。
② 黄浦江:位于太湖流域东南端,发源于江苏太湖,在上
海东北部汇入长江,全长113.4公里。因江水含沙呈黄色,故名黄
浦江,是上海的母亲河,是上海的象征。

[探春令]

嵩山①少林寺②观感

嵩山中岳, 险峻巍峨, 神奇亘古。
中岳汉三阙③, 嵩阳书院④, 宗教育沃土。

少林寺盖世武术, 弘禅宗初祖⑤。
少林拳法功, 独树一帜, 中国好功夫。

2011.8.15

---

① 嵩山: 位于河南登封市西北, 是五岳之中岳。古称外方山, 唐时期武则天登临此山, 封为中岳, 后称中岳嵩山。

② 少林寺: 位于嵩山西部少室山。少林寺有"禅宗祖廷, 天下第一名刹"之誉。

③ 中岳汉三阙: 是中岳汉代石阙三处, 分别是太空阙、少室阙、启母阙, 并称中岳汉三阙。

④ 嵩阳书院: 是我国古代高等学府, 是北宋四大书院之一, 它与河南商丘的应天书院、湖南的岳麓书院、江西的白鹿洞书院并称我国四大书院。嵩阳书院以理学著称于世, 以文化瞻富、文物奇特名扬古今。

⑤ 禅宗初祖: 古印度僧人菩提达摩住持少林寺传播大乘佛教, 后人称他为"禅宗初祖"。

[探春令]

青海湖①拾趣

羌海浩瀚，崇山环抱，滨草茫茫。
湖水天一色，波澜粼粼，清澈闪银光。

百鸟盛会②喜相看，鸟岛奇观壮。
雀鸣似仙乐，悠扬动听，沉醉永难忘。

2012.5.6

———————

　　① 青海湖：位于青海东部海拔3196米的高原上，古称西
海、羌海，又称鲜水、鲜海、仙海。蒙古语叫库库淖尔，藏语叫错
温布，即"青色的海"。湖水面积4500平方公里，平均深度18.6
米，湖东岸有两子湖：一名尕海，面积10余平方公里，为咸水湖；
一名耳海，面积4平方公里，为淡水湖。
　　② 百鸟盛会：青海湖最诱人的奇观是驰名中外的鸟岛，每
年五六月份是观赏鸟儿王国盛况的最佳时期。每到繁殖季节，求
偶声混成一曲壮美的合唱。每年到候鸟北回故乡的季节，鸟岛便
开始出现五彩缤纷、群声鼎沸的"百鸟盛会"，真是鸟的王国，鸟
的天堂。

[点绛唇]

丝绸之路①探踪

唐蕃古道，横贯欧亚大穿越。
商贾豪杰。
西域风光别。

丝绸之路，中西交流热。
文明结。
敦煌艺术，河西走廊绝。

2012.9.10

①　丝绸之路：早在公元前5世纪，我国丝绸就开始西传，陆续远销到希腊、罗马和印度。汉代张骞两度出使西域，开辟了横贯亚洲内陆的东西商路交通要道，从而形成了闻名遐迩的"丝绸之路"。丝绸之路东起长安（今西安），西延埃及、罗马，南至印度，是一条连接亚欧大陆的友谊桥梁。在我国境内，黄河以西通向西方的交通要道，通称"河西走廊"或"甘肃走廊"，长约1000公里。

第三卷

春秋风采

秋

Chunqiu Fengcai

[望海潮]

小东江抒怀①

河堤苍翠，学子潇洒，望小东江争流。

烟缭油城，页岩采戟，车水马龙不休。

水东港渔舟。

泛鉴江澄月，宝塔同游。

高州古城，塘边村聊作话由。

少年览胜凝眸。

春暖花开妍，美梦长留。

博习诗书，挥毫泼墨，焕发风华春秋。

奋发占鳌头。

有百年赤心，矢志追求。

乘东风绘好景，宏图起神州。

1962.5.4

——————

① 1961年初秋，本人在茂名市第四中学初中毕业，并以优异成绩考上广东省重点中学——茂名市第一中学。第一次走出穷乡僻壤到大城市读书，心情畅快难以言表。在校时与同窗好友一起游览了高州古城、鉴江、古塔美丽风景，以及电白水东南海广阔浩瀚、渔舟晚唱的绚丽景色，还有目睹茂名石油城建设突飞猛进，一日千里的景象，心中更充满了无限激情，奋发攻读，报效祖国的心愿与日俱增。在茂名市小东江河堤散步时有感而作了这首词。

[六言诗]

自立

【从】未害怕自【立】，
【小】时爱书铭【志】。
【做】人与世力【争】，
【起】伏充满骨【气】。

1963.8.6

[七言诗]

蛰伏①

困卧塘边势未通，
潜爪伏甲池水中。
风云掣会运有时，
叱咤腾飞上九重。②

1966.8.20

————————

① 1964年秋，本人在茂名市第一中学高中毕业，以"五好学生"荣誉和高考优异成绩被学校推荐到高校。但由于受政治因素影响，高校未能录取，本人被迫回到贫穷落后的农村务农。接着"文革"在全国爆发，天下动乱，求学无望，出路无门，历尽坎坷，在艰难困苦环境下度过了漫长的知青岁月。本人在乱中图存，苦中求生，蛰伏不倒，自强不息，坚忍苦斗，立足广阔天地，努力拼搏，为农村贡献自己的青春热血和汗水，以实际行动和优异工作业绩加入了中国共产党，成为一名出色的农村知识青年。

② 该诗是仿《击鼓骂曹》一诗而作："平生志气运未通，蛟龙似在浅水中。有朝一日春雷动，得会风云上九重。"

[七言诗]

心语

薄薄本子书小字，
细细笔尖写短诗。
炯炯眼神观宏微，
纯纯丹心系环宇。

1967.9.1

[七言诗]

榕树赞

顶天立地榕树劲，
根繁叶茂枝干硬。
历经风雨不逊色，
蚍蜉摇撼岂得逞。

1968.12.4

[望江南]

人生长路歌

抬头看，漫长人生路。
甜酸苦辣皆尝够，成败得失都要走。
岁月不停留。

奋力行，血汗著春秋。
阳光总在风雨后，命运改变靠双手。
希望在前头。

1971.9.15

[清平乐]

公安警察在前①

执法从严。
灵巧办案件。
蛛丝马迹辨明显，罪犯嘴脸毕现。

事实凭证为先。
法律准绳定线。
维护公平正义，公安警察在前。

1972.11.2

————————

① 1972年8月我到了茂名市公安局当了一名人民公安警察。经过几个月的业务培训和实地训练，以及老公安干警的言传身教，学到不少公安业务、法律知识和侦查办案技能，开阔了视野，我坚定了当好一名公安警察的决心和信心。

[水调歌头]

忆初恋①

初恋最难忘,一吻驻千秋。
回眸毕业前夜,恋人相倾诉。
凤眼杏腮泪沫,问君去为谁留?
离情难猜度。
人间有硝烟,盟誓同携手。

少年约,功名事,志未酬。
田园归去苍凉,八载风雨熬。
长发英姿别去,徒增余情烦恼。
怅望随江流。
相思渺无极,倩影伫心头。

1973.7.7

---

① 此词是为铭记中学时代一位恋人而作。

[五言诗]

恋曲

【偶】遇石油【城】，
【面】见东江【边】。
【知】会伊人【情】，
【心】心相爱【恋】。

1974.6.6

永久桥下

小东江^①流水柔柔，
长堤河边情滔滔。
永久桥下约永久，
执手盟誓到白头。

1974.7.7

---

　　① 小东江：即茂名小东江，又称梅江，是茂名市内最大的河流，全长约67公里，流经茂名市、吴川市，被茂名人民称为"母亲河"，是鉴江最大的二级支流，袂花江最大的一级支流。发源于高州市根子镇官庄岭，纵贯茂名市区及茂南区六个镇，西南流向吴川市百官山涌口汇入袂花江后出海。小东江主源头为高州长坡水库，水流清澈见底，鱼虾成群，是沿江群众的主要饮用水源。茂名小东江两岸河堤树木葱葱，绿草如茵，江水缓缓奔流，风景十分优美宜人，是游泳划船、散步交友、垂钓休闲、谈情说爱的好去处。茂名小东江境内桥梁有：官渡桥、永久桥、竹园桥、高山桥以及新圩桥。

[卜算子]

悼周总理①

华厦天柱折，星坠举国哀②。
痛忆忠魂心肝碎，俯首悼恩来。

功绩垂青史，英明光华在。
鞠躬尽瘁为人民，丹心照万代。

1976年清明节

---

① 周总理：即周恩来，党和国家领导人，1898年3月5日生于江苏淮安市（原籍浙江绍兴），1976年1月8日逝世。
② 举国哀：1976年4月4日（丙辰清明节）。百万革命群众自发汇集在天安门广场、人民英雄纪念碑前，深切哀悼敬爱的周总理，成为声讨"四人帮"，向"四人帮"发起公开宣战的"四五"运动。

[水调歌头]

悼念毛主席①

哀乐传天下，悲恸荡九州。
一代伟人仙逝，万众泪成流。
领袖风范历历，统帅英姿依旧。
怎信就远走？！
泣诉问苍天："为何不挽留！"

继遗志，铭教诲，向前走。
化悲痛为力量，运筹展宏图。
高举改革大旗，迈向富强大道。
建伟业千秋。
忠心为人民，俯首甘为牛。

1976.9.9

---

① 毛主席：即毛泽东，党和国家领导人，中华人民共和国缔造者。1893年12月26日出生于湖南长沙市湘潭县韶山冲，1976年9月9日在北京逝世。

[定风波]

历史审判①

斩妖除魔拔祸根。
历史审判全球闻。
无法无天岂撑住？记取。
神州八亿定乾坤。

民主专政浩气腾。
认真。
正义再换宇宙新。
篡党夺权今几主？绝路。
人民江山万年春。

1981.1.25

———————————

　　① 1981年1月25日，最高人民法院特别法庭庭长江华庄严宣告了对林彪、江青反革命集团16名主犯的判决。这是中华人民共和国历史上的第一次，这次判决，对我国实行依法治国具有划时代的意义。

[六言诗]

奋起

【自】幼敢于独【立】，
【身】处困境励【志】。
【做】事善于抗【争】，
【起】落鼓足勇【气】。

1982.8.5

[五言诗]

远望

改革风云迅，
开放发展急。
奋发少年志，
有愿乾坤新。

1983.10.10

[南歌子]

走进特区①

奉命来特区，拓荒把山开。
风雨兼程使命催。
挥洒热血耕耘，展情怀。

渔村建高楼，深圳放异彩。
国际都市震中外。
走进世界前列，笑未来。

1984.8.26

---

① 作为最早参与创办经济特区的建设者和保卫者，我将自己的命运与城市的命运、国家的命运紧紧相连，牢记使命，不辱使命，栉风沐雨，不畏艰辛，风雨无阻，砥砺前行，建设鹏城，创造传奇，书写华章，在公安政法战线工作岗位上，把自己的满腔热血、汗水和梦想，献给了特区事业，创造了特区的辉煌。

[南楼令]

无悔铸警魂①

警徽作诺言。

金盾锁烽烟。

除危害，一马当先。

搏击邪恶保平安，洒热血，历艰险。

警察爱家园。

卫国戍疆边。

沐风雨，为民无怨。

隆冬酷暑终不懈，铸警魂，勇向前。

1985.5.4

---

① 1984年8月，通过广东省人事厅和深圳市公安局综合考试考评，我被选调到深圳市公安局福田分局工作。由于深圳特区正处于建设初期，自然环境恶劣，到处是荒山野岭，杂草丛生，田地荒芜，道路不通，车辆很少，交通不便；治安状况复杂，抢劫盗窃、走私贩私、贩卖毒品、卖淫嫖娼、团伙作案等十分猖獗；深港两地相连，制度不同，国际跨境犯罪气焰嚣张，不易打击等，给新建的深圳特区治安带来前所未有的严峻形势和困难。但我和其他深圳公安警察一样，坚定使命，立足特区，无所畏惧，挡烈日，经风雨，历艰险，戍边为民，积极参与严厉打击各种违法犯罪活动，为保卫特区经济建设和维护特区良好的社会治安环境贡献一切。

[小重山]

"严打"显神威[①]

"严打"战役警笛鸣。
狂飙行动猛,围捕成。
害群之马难遁形。
传捷报,危害逐肃清。

热血献使命。
无畏公安警,排头兵。
厉兵秣马上征程。
惩腐恶,卫国保太平。

1987.4.25

———————

① "严打":1983年6月16日,邓小平同胡耀邦谈话时指出:
现在现行犯罪、恶性案件不是越来越少,而是越来越多,越来
越严重,主要原因是对犯罪分子打击不力。7月19日,邓小平在北
戴河找彭真和公安部长刘复之谈打击刑事犯罪活动的问题时,
提出:刑事案件、恶性案件大幅度增长,这种情况很不得人心。
为什么不可以组织一次、两次、三次严厉打击刑事犯罪活动的战
役?现在是非常状态,必须依法从重从快集中打击、严厉打击才
能治住。8月25日,中共中央政治局做出《关于严厉打击刑事犯罪
活动的决定》。经过"严打"战役,基本上改变了社会治安的非
正常状况,为争取社会治安的持续稳定,巩固安定团结的政治局
面,保障改革开放的顺利进行做出了贡献。

[最高楼]

披甲戍边①显身手

挑重担，热血写春秋。
峥嵘岁月稠。
戍边除害保江山，风霜雪雨搏激流。
顾大局，听指挥，尽职守。

为国家，信念永记牢。
为人民，奋斗不停步。
多奉献，不贪图。
战士衣甲常披挂，百姓休戚在心头。
历艰险，救危难，显身手。

1989.6.4

---

① 1989年，国际风云变幻，国内面临着山雨欲来风满楼之势，中国正处于一个非常历史时期。人民公安干警将经受着一场前所未有的急风骤雨的洗礼和严峻考验。

[卜算子]

咏竹①

长在水塘边,青瘦骨硬主。
繁茂枝叶节比高,冷傲向风雨。

雨后竞争春,总把平安护。
天南地北岁岁荣,挺拔坚如故。

1990.3.3

---

① 此首词仿陆游《卜算子》而作:驿外断桥边,寂寞开无主。已是黄昏独自愁,更著风和雨。无意苦争春,一任群芳妒。零落成泥碾作尘,只有香如故。

[五言诗]

咏荷花

【清】水池塘【开】，
【绿】衣仙子【来】。
【红】蕾亭亭【可】，
【香】凝诱人【爱】。

1991.6.18

[长相思]

高州观山①游览缅潘仙②

观山雄, 潘仙雄。
石船③丹灶④遗仙踪。
寻仙兴正浓。

古城风, 鉴江风。
人间欢乐日子红。
举杯慰潘翁。

1993.7.28

---

① 观山: 茂名高州八景之首。又名观音山, 别号仙山或升真岗。位于高州城之西, 鉴江河畔, 鉴江桥头西北方。

② 潘仙: 潘茂名, 西晋末人, 是一名道士, 他学易明诗, 治病救人, 后得道成仙, 于西山 (今观音山) 驾石船飞升仙游而去。为了纪念他, 便把他活动的地方叫潘州或叫茂名, 潘州、茂名之名由此而来。

③ 石船: 在高州城东门外潘仙坡, 石船长八尺半, 宽四尺, 两端微起若荷花叶。相传石船为潘茂名登仙而弃留于此, 因日久天长, 船上苍苔翠秀。

④ 丹灶: 指潘仙丹灶, 在石船北侧, 以砖石砌成八角形, 高约九尺, 宽六尺。传说是潘茂名炼丹之处。灶有二穴, 穴门大如盆。

[最高楼]

参观虎门销烟有感①

烧鸦片，虎门烈焰红。
销烟去无踪。
青史豪迈铸精忠，高风亮节世称颂。
古炮横，旌旗奋，夷敌恐。

时不忍，人间惨象凶。
更不忍，河山拱手送。
气难吞，愤满胸。
英雄奋起禁大烟，众志成城贯长空。
怀壮烈，救苍生，万世功。

1994.6.3

---

① 1839年6月3日，林则徐将收缴的2万箱鸦片于虎门当众焚毁。虎门成纪念地，有林则徐塑像和销烟雕塑。

[满江红]

寄怀少年①

青春年少，当花季，争艳斗奇。
易诱惑，大千世界，迷失自己。
分不清善恶美丑，难辨明黑白道理。
究其由，法制意识少，才越轨。

善启迪，正可期。
常防微，育法纪。
去孩子污尘，始为目的。
依法治国责任重，教育后代应积极。
愿今后，鲜花迎朝阳，更艳丽。

1995.5.4

---

① 青少年是祖国的花朵，社会的希望，世界的未来。他们怀有一颗纯真的心，在改革开放的现代，易受诱惑迷途，加强法制教育显其重要。特填词一首，与青少年及关爱年轻一代的各界人士共勉之。

[瑞鹧鸪]

塘边九条梁陈家大院古宅①印记

陈家大院气势雄。

江南建筑古宅风。

九梁九厅高九丈, 宽敞典雅露华容。

画栋雕梁花鸟松。

翘角飞檐富玲珑。

荷塘波荡鱼可数, 安居垄亩碧野中。

1996.9.10

---

① 塘边九条梁陈家大院古宅: "九条梁", 又叫"九栋屋",
是三栋居屋依次连贯成九条梁的总称。塘边九条梁陈家大院古
宅是清朝县丞陈家亨兄弟的府邸。九条梁屋地处山水聚合之风
水宝地。位于茂名市鳌头镇塘边村东面, 坐西向东, 背靠鳌头岭,
东南面前有一大水塘, 因其形状如一只"大玉蟹", 被人们称为
"大玉蟹塘", 水清可鉴, 游鱼可数, 水流不息。大玉蟹塘与袂花
河连绵相通, 南北方均是郁郁葱葱的树林和广袤农田, 风光秀
丽。该古宅始建于清代咸丰八年 (即公元1858年), 由清朝咸丰年
县丞陈家亨创建。整座古宅有九条栋梁, 九个大厅, 九个天井, 九
条长廊, 九道屏风, 108个房间, 为上中下三幢三进格局。前后左
右有大花园, 门前铺设大理石台阶, 厅堂内画栋雕梁, 花草鱼鸟
生动逼真。室内长廊四通八达, 宛如迷宫。满宅阳光充沛, 清芳犹
存。总建筑面积达9000多平方米。属古代江南宫廷式建筑。不仅
外观气势雄伟, 内视富丽堂皇, 非常雅致。但这座古宅在大跃进
和"文革"时期遭受破坏, 只剩断壁残垣, 不禁令人唏嘘。

[桃源忆故人]

悼念邓小平①

邓公辞世天地昏。
神州痛失伟人。
丰功伟绩殊勋，华夏民族魂。

永垂青史隽民心。
继承遗志前进。
富民强国精神，中华龙飞腾。

1997.2.20

---

① 邓小平：党和国家领导人，中国社会改革开放和现代化
建设的总设计师，原名邓先圣，学名邓希贤，1904年8月22日出生
于四川省广安县协兴乡牌坊村。于1997年2月19日逝世，终年93
岁。

[忆秦娥]

南海观潮

晨曦耀，虎头山上观海潮。
观海潮。
碧水连天，波翻浪跳。

风云骤变涛声啸。
山雨欲来松林摇。
松林摇。
南海似链，沙鸥影迢。

1998.6.4

祭父文①

呜呼吾父，遽然而逝。痛煞儿孙，天地恸悲。

乡亲邻里，嚎哭泪涕。慈父此生，恩德泽世。

爱国爱家，贡献一切。勤俭清廉，仁爱善礼。

高风亮节，一身正气。坎坷岁月，颠沛流离。

养儿育女，忍困受饥。励精图治，自强奋起。

撒网自救，开荒种地。经商饼铺，扶贫济危。

勤劳致富，造福集体。扬文传艺，名播粤桂。

教子效国，桑梓欣慰。子孙成才，国兴家齐。

百姓楷模，当之无愧。未享颐年，魂皈天帝。

铮铮风骨，令人敬畏。世代流芳，与日同辉。

呜呼吾父，吾父未死。养育深恩，寸草春晖。

报之何有，大海精卫。有生一日，报恩时机。

有生一日，伴亲时际。尽此一觞，跪叩拜祭。

吾父有灵，当显神威。佑尔子孙，荣华富贵。

后有言陈，与日俱来。呜呼尚飨！

1999年先父诞辰100周年清明节盛祭

---

① 先父：陈锡文，生于清朝光绪己亥年正月十一日（即1899年2月20日，猪年），广东省茂名市鳌头镇塘边村，广东粤剧艺人，曾任茂名市第一，二届人民代表。于戊午年七月二十四日（即1978年8日27日，马年）逝世，享年79岁。育有4子2女，有男孙6人，女孙6人，男曾孙5人。

[四言诗]

祭母文①

呜呼吾母，与世长眠。惶惶众亲，悲痛难免。

长歌当哭，泪洒河川，吾母平生，温淑良贤。

伶俐聪明，和惠坚贞。知仪明理，慈爱仁善。

谊结邻里，扶助孤伶。德高望重，老幼赞羡。

持家有方，勤劳节俭。兢兢业业，任劳任怨。

家庭和睦，儿女康健。岁月苍茫，历尽辛酸。

吾母巾帼，立地顶天。日夜操劳，挥梭垦田。

含辛茹苦，振兴家园。呕心沥血，哺育子孙。

子孙出众，为国奉献。家国兴盛，慈母功显。

未享繁华，驾鹤游仙！呜呼吾母，天国安憩。

流芳千古，与月同艳。养育深恩，春晖涌泉。

报之何能，精卫海填。有生一日，报恩永远。

有生一日，伴亲永远。叩拜祭奠，尽此一樽。

吾母有灵，光彩重现。庇佑宗亲，富贵万年。

言犹未及，日表方寸。呜呼尚飨！

1999年先母诞辰95周年清明节盛祭

———————

① 先母：蔡瑞芳，生于乙巳年二月二十八日（即1905年4月2日，蛇年）广东省吴川市衍水镇芦笛村，于辛酉年正月二十五日（即1981年3月1日，鸡年）逝世，享年76岁。育有4子2女，有男孙6人，女孙6人，男曾孙5人。

[小重山]

一代大盗张子强落网有感①

抢劫银行匪徒凶。
街头枪火响, 乱哄哄。
得手奔逃去如风。
接警讯, 何处寻匪踪? !

公安显神通。
布天罗地网, 贼入瓮。
粤港警察联手攻。
无遁形, 黄泉断枭雄。

1998.12.22

---

① 张子强: 张子强, 祖籍广西玉林市。1955年4月7日出生,
4岁随父母来到香港。其父是逃港大军一员, 在港油麻地的庙街
开了一间凉茶店, 一家住在"棚户区"(即"贫民窟"), 张子强
与街头流氓、黑帮混在一起, 成为其中一员, 并迅速成为团伙头
目, 人称"一哥", 16岁第一次坐牢。1990年2月22日, 张子强等5
人在香港启德机场抢劫了一辆运劳力士手表的武装押运车, 劫
取了40箱共2500块劳力士手表, 总价值3000万港币, 一时轰动全
港。1996年5月23日, 张子强绑架了富商李某, 亲自上门索取了赎
金10亿港币, 这是香港历史上最大一笔赎金。1997年张子强潜入
内地被抓捕, 1998年11月12日, 广州中院对张子强集团作出一审
判决, 判决张子强等5人死刑, 一代大盗落在公安手里, 插翅难
逃, 犯罪所得6亿6千万人民币资产全部充公。

[七言诗]

新世纪寄语

世纪开元迎新年，炎黄子孙喜欢天。
乐业安居贺盛世，国强民富庆太平。
拓展现代宏伟业，铸造未来旷世篇。
万国同颂大中华，幸福美景代代传。

2000.1.1

千禧年抒怀

世纪之交春雷动，
中华龙腾气势雄。
法治兴国征程远，
继往开来立新功。

2000年新春佳节

[满江红]

党八十华诞感怀

沧桑巨变，忆往事，风云历历。
求解放，披荆斩棘，奋战激烈。
赴汤蹈火灭敌寇，前仆后继捣虎穴。
转乾坤，创立新中国，兆民悦。

屈辱史，早期雪。
国家兴，党威力。
看中华崛起，巨龙飞越。
描绘未来锦绣画，书写现代宏伟业。
铸辉煌，祖国更富强，东方立。

2001.7.1

赠陈府

何炜波题

【陈】府门第运亨通，
【文】韬武略业兴隆。
【龙】腾虎跃志千里，
【福】如东海寿如松。

2001年仲秋

[七言诗]

赠龙

何炜波题

【龙】子龙孙千秋盛，
【马】到功成万事兴。
【精】诚所致金石开，
【神】怡心旷岁月荣。

2001年仲秋

[七言诗]

寄语二兄

莫把冤屈放心间，
人生起跌若等闲。
只要活得精神好，
无愧天地亦欢颜。

2001.8.4

[五言诗]

鹰颂

巢笼非生活，
自由天地阔。
展翅高飞远，
越洋森林没。

2002.6.6

[七言诗]

赞人民调解

人民调解得民心，总把真情献众人。
语重心长化矛盾，苦口婆心解苦困。
止纷息讼泯恩怨，治病救人做芳邻。
灵丹妙药祖传方，和谐社会世界闻。

2003.3.13

[破阵子]

修身颂

有缘效力家国，无愧人生长河。
立党为公惧力薄，执政为民勇开拓。
奉献多快乐。

放眼环球风云，未敢意志消磨。
健步长路图谋远，勤勉修身尚枕戈。
岁老未蹉跎。

2004.7.1

[诉衷情]

深圳中院反腐风暴有感①

司法腐败乱政体。
公堂不作为。
明镜高悬倾覆,判官何东西?!

刹妖风,治腐吏。
申法纪。
正本清源,惩恶扬善,匡护正气。

2006.10.25

---

① 2006年6月至10月,深圳市中级人民法院先后有5名法官被中纪委、最高检"双规",其中有1名副院长,3名庭长,1名退休老法官,从而拉开深圳中院反腐风暴序幕。深圳中院反腐风暴,震惊中外。

[破阵子]

信念永恒①

有缘效力家国，无愧人生长河。
立党为公创世界，执政为民建共和。
富强化干戈。

勇当时代先锋，信念永不消磨。
中华崛起铸辉煌，民族复兴奏凯歌。
把盏邀嫦娥。

2006.9.1

———————

① 此词是仿李煜《破阵子》而作，原词：四十年来家国，三千里地山河。凤阁龙楼连霄汉，玉树琼枝作烟萝。几曾识干戈？一旦归为臣虏，沉腰潘鬓消磨。最是仓皇辞庙日，教坊犹奏别离歌。垂泪对宫娥。

[满江红]

花季育法

青春年少，初涉世，未懂事理。
易冲动，好惹是非，迷失自己。
无数烦恼因花季，悔恨一步踏错轨。
究其由，法制观念少，才妄为。

善启迪，犹可期。
沐阳光，施法纪。
去孩子尘污，始为目的。
栽培后代责任重，教育先导当积极。
愿今后，鲜花迎朝阳，更葳丽。

2007.9.1

[五律]

退休感怀

退休享自由，幸福要追求。

名利寄山水，得失随风流。

养花东篱舍，结伴西湖楼。

身健无憾事，世界任遨游。

2007.11.1

[七言诗]

奥运圣火登珠峰①

奥运圣火登珠峰，
中华儿女是英雄。
百年愿望今实现，
同一世界同一梦。

2008.5.8

———————

① 2008年5月8日9时17分，奥运圣火传递登上珠穆朗玛峰顶，实现国人百年梦想。此诗为纪念这珍贵的一刻而作。

[七律]

记汶川抗震①

路断石崩山陷裂，房倒楼塌人掩灭。

八级地震毁汶川，九州英雄抗罪孽。

大灾无情天地惊，人间有爱鬼神泣。

环球联手齐救援，重建美好新家园。

2008.5.12

---

① 2008年5月12日14时28分，四川汶川县发生了8级大地震。刹那间，天昏地暗，无数生命遭遇灭顶之灾！这一刻，牵动了共和国的神经，党总书记、国家总理振臂高呼，一方有难，八方支援。全中国乃至全世界用爱筑起抗震救灾的钢铁长城，奋力抗震救灾，为汶川重建美好新家园作出了应有贡献。

[浪淘沙]

寄语汶川

大震毁汶川。
房倒楼断。
多少骨肉埋深渊!
举国上下真情牵，爱心奉献。

领袖铁臂展。
挥军救援。
无数生灵见新天。
大爱无疆浓情在，重建家园。

2008.5.13

[木兰花]

炒股怨

金融海啸卷全球。
股票基金亏本无。
帘外落花含泪坠，窗间斜月敛眉愁。

抑于呓梦频添酒。
散去霾云挽衾袖。
劝君莫做独醒人，烂醉花间应有数。

2008年深秋

[鹧鸪天]

两岸直航感怀①

海峡两岸久分别。
党同伐异遗余孽。
山水相连难相亲，杜宇哀鸣情化血。

今直航，恩仇泯。
骨肉同胞团圆热。
家国情怀传佳音，中华一统兆民悦。

2008.7.4

———————

① 2008年7月4日，大陆与台湾开放直航，这是海协会与海
基会会谈取得的新共识，也是国共两党及中华儿女为谋求和谐
以实施双赢的新成果。感触殊深，可喜可贺！

[沁园春]

北京奥运会①抒怀

创造奇迹，超越梦想，北京奥运。

金牌榜首位，奖牌第二，中国健儿，成绩惊人。

为国争光，奋勇拼搏，突破历史成永恒。

展辉煌，心中永珍藏，继续攀登。

鸟巢②激情飞奔。水立方③让世界沸腾。

看菲尔普斯④，博尔特电⑤，神奇小子⑥，破世夺金。

超人可多，黑马绝尘，靓丽之花⑦惊艳韵。

震撼处，百年圆国梦，扬帆启新。

2008.8.25

---

① 北京奥运会：2008年8月8日至8月24日，第29届奥林匹克运动会在中国首都北京国家体育场"鸟巢"隆重举行。

② 鸟巢：中国国家体育场，位于北京奥林匹克公园南部，为2008年第29届奥林匹克运动会的主体育场。

③ 水立方：国家游泳中心，位于北京奥林匹克公园内，是2008年北京奥运会标志性建筑物之一。

④ 菲尔普斯：美国泳将，9天取得8枚金牌，成为奥运史上百年金牌第一人。

⑤ 博尔特电：尤塞恩·博尔特，牙买加人，他的姓的意思就是闪电，在百米大战中用9秒69成为地球第一飞人。

⑥ 神奇小子：名叫纳达尔，西班牙人，网坛"新天王"。

⑦ 靓丽之花：张娟娟，中国射箭运动员，为中国射箭队拿下奥运第一枚金牌；刘子歌，中国泳将，在200米蝶泳中，破世界纪录，成为黑马。

[浣溪沙]

祝神舟七号载人飞船航天成功①

探月航天起酒泉。
神七载人上蓝天。
太空漫步世界现。

五星红旗星球展。
欢呼英雄航天员。
千年美梦喜今圆。

2008.9.26

---

① 2008年9月25日21时10分，举世瞩目的神舟七号载人航
天飞船，在中国酒泉卫星发射中心载人航天发射场，用长征二号
火箭发射升空。飞船于2008年9月28日17点37分，成功着陆于中
国内蒙古四子王旗主着陆场。神舟七号是中国第三个载人航天飞
船，它的飞天成功，揭开了我国航天事业的新篇章。神舟七号三
名英雄航天员是：翟志刚（指令长，黑龙江齐齐哈尔市龙江人，
1966年10月出生，现为解放军航天员大队二级航天员，大校军
衔）、刘伯明（黑龙江齐齐哈尔市依安人，1966年9月出生，现为
解放军航天大队二级航天员）、景海鹏（山西运城县人，1966年
10月出生，现为解放军航天大队二级航天员）。

[七言诗]

改革开放三十年感言

改革开放三十年，翻天覆地换新天。
昔日渔村高楼起，如今特区豪华显。
国际都会放异彩，幸福深圳呈奉献。
世界精英齐给力，美丽中国锦上添。

2008.9.27

[七言诗]

帝国①叹

金融海啸华尔街，帝国银行山崩泻。
经济萧条金变色，富豪缩水钱难借。
证券倒闭牛市竭，世行举债银花谢。
劫后余生须省悟，为人处世莫骄奢。

2008.10.14

① 帝国：指美国。

[谒金门]

福田①映象

海湾碧，高楼大厦林立。
总部商贸大云集。
首善之区杰。

百姓安乐怡悦。
宜居城市美绝。
幸福福田文明结。
燃烧激情烈。

2010.7.21

---

① 福田：指深圳市福田区，位于深圳特区中部，东从红岭路起与罗湖区相接，西至华侨城与南山相连，北至笔架山、莲花山与宝安区龙华镇交界，南临深圳河、深圳湾与香港新界米埔、元朗相望。是深圳市委、市政府所在地，深圳市中心区。总面积78.8平方公里，总人口90.9万人。

[南歌子]

深圳拓荒牛颂^①

负轭挑犁前，特区拓荒城。
弓腰俯首奋蹄劲。
冲破世界藩篱，排头兵。

卅载风雨路，邓公指明径。
春天故事万缕情。
深圳创造辉煌，举世惊！

2010.8.26

---

① 深圳拓荒牛颂：肩挑浴血探路的重任，30年来，深圳人
以不辱使命，敢为天下先的"拓荒牛"精神，进行了一系列大胆的
实践和探索，杀出一条血路来，在改革开放的伟大历史进程中，
谱写了勇立潮头，开拓进取的壮丽篇章，从昔日一个边陲小镇崛
起为一座现代化大都市，创造了世界工业化、城市化和现代化发
展史上的奇迹。

[五言诗]

陈富国百岁①题

【陈】宝百岁【兴】，
【富】贵福寿【荣】。
【国】强家业【旺】，
【帅】才世代【盛】。

2011.8.29

---

① 百岁：民间把小儿百日叫"百岁"，婴儿降生百日，古称
"百岁"，以长命百岁为吉。陈富国出生于公历2011年5月19日，
（农历辛卯年4月17日）至2011年8月29日为百日大吉，即"百岁"
吉祥日。

[七言诗]

同学情深①

【同】窗苦读为奋起，
【学】有所成劳燕飞。
【情】牵半百今欢聚，
【深】心不老岁月美。

2011.10.1

---

① 是日，应同窗好友周贤钧邀请，与茂名市一中高中同班同学一起到穗，在他的私人豪华游艇"爱海号"聚会，时将分隔快半个世纪的同学能久别重逢，弥足珍贵。昔日风华正茂的同学少年今已是苍苍银发、满脸皱纹的老人，不觉唏嘘不已。倍感岁月飞逝，人生可贵。庆幸的是这些同学虽年过花甲，但椿萱并茂，事业有成，健康快乐，而且都"升级"当了爷爷奶奶、公公婆婆，含饴弄孙，安享晚年，身体康健，生活幸福美满，亦倍感到无限安慰。

[五言诗]

赠同学周贤钧①

【周】游世界广，
【贤】能财富旺。
【钧】重家业兴，
【发】达祖荣光。

2011.9.8

---

① 周贤钧是我在茂名市一中高中时的同学。1978年改革开放初期，他是第一个敢于吃螃蟹的人，弃工自创企业，从一名化工厂普通技术员变成一名企业家。他与太太环游世界3个多月，享受美满人生，从一名"穷学生"跻身当代富豪之列。

[五言诗]

晨练①

鸣虫唧唧唱，
一浪接一浪。
遍野悠扬声，
晨练心舒畅。

2011.9.1

---

① 晨练：我是一名运动爱好者，每天坚持不懈锻炼。福荣绿道是晨练的好去处。福荣都市绿道位于深圳市福田区南面，东起新洲路南，西接红树林，全长3.08公里，面积10.27万平方米。由福田区政府出资2000多万兴建，于2011年7月竣工。以"自然、生态、雅致"为基调，以森林生态环境为特色，由广深高速公路隔音林带改造而成。该绿道布局精巧，生机盎然，林中小路曲径回环，景亭廊架错落有致，树茂花红，鸣虫唧唧，鸟儿翔扬。是市民朋友亲近自然、休闲锻炼、漫步观景、放松身心的和谐绿色空间。

[安公子]

知青岁月追忆①

青春何风流?
跟着太阳修地球。
伴随月亮荷锄归, 欢笑无忧。
顶烈日, 握住犁耙白嫩手。
担稻谷, 压肿弱肩头。
艰苦炼意志, 神圣天职成就。

知青情结牢。
物换星移岁月茂。
陶冶情操再教育, 无怨无悔留。
常回首, 从今认得归田好。
看今日, 含饴弄孙寻幽。
火红年华美, 玫瑰色彩自豪。

2011.12.30

① 知青岁月: 正当十七八岁, 风华正茂的火红年华, 由于时代的变化, 我高中毕业无法上大学, 被迫回到穷乡僻壤的农村务农, 当了一名"知青"。在农村广阔天地, 寒来暑往度过了悠悠八载的知青岁月, 毫无保留地奉献了青春热血、文化和力量。

前景好

人生天地前景好，
创建辉煌不辞劳。
越过高山跨大海，
立起宏图世界豪。

2012.1.1

我爱宝岛台湾①

中华第一岛。
古时称流球。
郑成功，汗马功劳。
七省藩篱踞咽喉。
长听得，烟雨浮。

日月潭②美秀。
阿里山③壮豪。
问人间，天上谁有？
隔海天涯我国畴。
盼归来，解离愁。

2012.2.12

—————————

① 台湾：简称"台"，古称岛夷、夷洲，又称流球。位于祖国大陆架的东南缘。陆地面积36191.5平方公里，总人口2319万多人。是中国第一大岛，素有我国"七省藩篱"之称。台北市为政府所在地。

② 日月潭：又称水沙连、龙湖、双潭，亦名水黑社。位于台湾南投县鱼池乡水社村，是台湾唯一的天然湖。由玉山和阿里山之间断裂盆地积水而成。面积约9平方公里，平均水深30米。以名珠屿岛（光华岛）为界，北半湖形状如圆日，南半湖形状如弯月，日月潭因此而得名。

③ 阿里山：台湾著名旅游风景区。位于台湾嘉义市东75公里，海拔2000米以上。总面积达1400公顷，阿里山如一幅美丽画卷。

[七言诗]

红树林①美

【红】霞万缕洒海滩，
【树】茂根深迎风浪。
【林】翔百鸟游园乐，
【美】景迷人深圳湾。

2012.3.3

---

① 红树林：位于深圳湾畔东北岸深圳河口红树林鸟类保护区，面积369公顷，是我国面积最小的国家级自然保护区，是以红树科植物为主组成的海洋木植物群落，因树干呈淡红色而得名。

[七律]

屋在碧桂园十里银滩①

屋倚青山花树欣，观山海阔波连云。

十里银滩踏碧浪，百丈琼楼听涛韵。

采山钓水堪快乐，鉴日赏月足畅神。

远离都市向大洋，亲近自然陶冶人！

2012.6.23

① 碧桂园十里银滩：位于广东省深圳东惠东县稔山镇亚婆角旅游度假区海边，北边背靠花簇树林欣欣向荣巍峨挺拔的麒麟山，三面环海，面向水天一色波涛浩瀚的南海，是唯一一个背山面海、坐北朝南的滨海度假区。碧桂园十里银滩就如三亚一样美。

[太常引]

贺神舟九号载人飞船发射成功①

神舟九号奔太空。
载人赴约天宫。
戈壁大颤动。
越星云,直指苍穹。

环宇遨游,中国神女,飞天豪情浓。
登月上端峰。
凯歌还,把酒相送。

2012.6.29

---

① 神舟九号载人飞船发射成功:2012年6月16日18时37分,在酒泉卫星发射中心,在茫茫戈壁腹地的绿洲城——东风航天城,神舟九号载人飞船成功发射,神舟九号载着二度飞天的中国航天员景海鹏,首飞的刘旺和我国首名女航天员刘洋奔赴天宫一号。三名航天员将代表中国人第一次入住"天宫",首次载人手控交会对接。2012年6月29日10时03分,在经过近13天太空飞行后,神舟九号载人飞船返回舱顺利着陆,航天员景海鹏、刘旺、刘洋安全返回,创造了中国航天历史,彰显了中国航天雄心。

[五言诗]

南海①巨龙腾②

瀚海百重巨龙嚎，
劈波斩澜狙鲨鸥③。
惊涛骇浪显本色，
澎湃潮流震全球。

2012.7.25

---

① 南海：因位于中国南边而得名，是位于中国南方的陆缘海，为西太平洋的一部分。是我国最深、最大的外海，面积350多万平方公里，南海岛礁总称南海诸岛。

② 南海巨龙腾：指建立三沙市、收复黄岩岛等维权行动。2012年7月24日，海南省三沙市人民政府正式挂牌成立。同时组建海南三沙警备区。三沙市是中国最南端的城市，为海南省第三个地级市，下辖西沙群岛、南沙群岛、中沙群岛等南海诸岛。

③ 狙鲨鸥：喻指狙击美国重返亚太，拉拢越南、菲律宾及印度等国围堵中国的反制措施。

[七言诗]

悼老战友黄古①

戎马一生沐清风，
戍国卫民剿罴熊。
油城警魂昭日月，
浩气长存天地中。

2012.9.24

————————

① 黄古，1925年9月出生，2012年9月逝世，享年87岁。广东省大埔县人，新中国成立后在广东省公安厅工作，曾任茂名市公安局局长、茂名市政法委书记。

[望海潮]

中国第一艘航母①入役有感

黑海弃儿，"瓦良格"舰，中华澳门留用。
远涉重洋，几经周折，大连港湾得宠。
脱胎换颜容。
令扶桑②胆寒，"山姆"③头痛。
"辽宁舰"号，壮我国威显峥嵘。

中国航母恢弘。
像大海城堡，汪洋巨龙。
昂首沧海，亮剑蔚蓝，冲破惊涛浪汹。
重振军魂中。
镇万里海疆，航巡西东。
舰载雄兵，五洋驱霸建奇功。

2012.9.26

————————

　　① 中国第一艘航母：2012年9月25日，中国第一艘航空母
舰，在中国船舶重工集团公司大连造船厂正式交付海军。经中央
军委批准，中国第一艘航空母舰命名为"中国人民解放军海军辽
宁舰"，舷号为"16"。首艘航母编制为正师级，员额1000多人。
航母舰长张峥，政委梅文。"辽宁舰"航空母舰的前身是上世纪
80年代苏联在乌克兰黑海造船厂制造，由于苏联解体而未能完
工的"瓦良格"号。
　　② 扶桑：指日本。
　　③ 山姆：指山姆大叔，即美国。

我的墓志铭

天地交泰显灵光，
乾坤风水聚八方。
贫穷富贵皆安乐，
日月星辰伴儿郎。

2012.12.12

后记

　　平洋诗词集《岁月风华》第一、二、三卷出版问世，承蒙社会贤达、各界名流、大师学者和海内外至爱亲友的鼎力相助指点。本作品参考了《宋词全集》《全唐诗集》上、下卷，以及报章杂志等资料。在此，特向各位致谢！

作者：平洋

2013年9月金秋于深圳

作者QQ号：1256039295

作者邮箱：cwlon@189.cn